50°

黑龙江

黑龙江

松花江
哈尔滨

长春 吉林

内蒙古自治区

沈阳

40°

北京市

辽宁

朝鲜

135°

呼和浩特

恒山

渤海

天津市

韩国

河北

银川

太原

石家庄

济南 ▲泰山

黄海

日本

35°

山西

山东

陕西

黄 河

嵩山▲

郑州

江苏

30°

西安

▲华山

河南

合肥

南京

太湖

上海市

湖北

武汉

安徽

黄山

杭州

长 江

庐山▲

鄱阳湖

浙江

东海

重庆市

洞庭湖

南昌

贵州

长沙 江西

湖南

▲衡山

福建

福州

北回归線

130°

贵阳

台北

广西壮族自治区

广东

台湾海峡

台湾

南宁 西江

广州

澳门 香港

20°

南

海口

海南

南海

0   400   800km

110°   115°   120°   125°

JN067881

あなたはなぜ日本へ？

インタビューで学ぶ中上級中国語

蓋暁星・長谷川賢 [共著]

What brought you to Japan?

朝日出版社

音声ダウンロード

 音声再生アプリ「リスニング・トレーナー」(無料)

朝日出版社開発のアプリ、「リスニング・トレーナー(リストレ)」を使えば、教科書の音声をスマホ、タブレットに簡単にダウンロードできます。どうぞご活用ください。

まずは「リストレ」アプリをダウンロード

▶ App Store はこちら　　　▶ Google Play はこちら

アプリ【リスニング・トレーナー】の使い方

❶ アプリを開き、「コンテンツを追加」をタップ

❷ QRコードをカメラで読み込む

❸ QRコードが読み取れない場合は、画面上部に 45393 を入力し「Done」をタップします

QRコードは㈱デンソーウェーブの登録商標です

Web ストリーミング音声

https://text.asahipress.com/free/ch/245393

◆本テキストの音声は、上記のアプリ、ストリーミングでのご提供となります。
　本テキストに CD・MP3 は付きません。

前書き

　この教科書に収録している7人のインタビューのうち、本文に取り上げられている5人については、日本で刊行されている中国語新聞『中文導報』に、2022年2月から5月まで連載されたものの抜粋です。私（蓋暁星）がなぜこのようなインタビューを行ったのか、そのきっかけについてお話ししたいと思います。

　私はおよそ5年前、広告会社に勤める友人からの依頼で、中国のデパートの化粧品売り場で流れる日本の化粧品メーカーのCM撮影現場に立ち寄り、臨時通訳を担当させていただきました。その時、兼業としてモデルの仕事に取り組み始めた「小魚さん」（仮名）に出会いました。小魚さんはとても魅力的な方で、まだ慣れていない撮影の仕事に一生懸命取り組んでいた姿に感動しました。そして初対面にもかかわらず、当時の悩みや将来の夢などを、やわらかな笑顔で話してくれました。彼女の話を聞いて、当時非常勤講師の仕事の傍ら、もの書きを趣味にしていた私は、小魚さんみたいな在日中国人の物語を書いてみたいと望むようになりました。

　それから4年の歳月が流れ、ようやくインタビューの形で5人の在日中国人の物語を綴ることができました。

　コロナ禍の中、私は小魚さんと4年ぶりの再会を果たし、インタビューを行いました。彼女のその後の人生について知り、その逞しい生き方に改めて感銘を受けました。さらに知人による紹介などを受け、6名（その中の2名は日本人中国語学習者、付録を参照）の方へインタビューを行い、在日中国人のリアルなライフスタイルに触れることができました。

　この教科書にはそれらのインタビューを、言葉遣いなどを若干修正し収録しました。ですから実際の話し言葉で、生き生きとした中国語を学習することができます。そして本書が、皆さんの周りにいるかもしれない中国人の物語や考え方に触れる機会になりましたら大変嬉しく思います。

　連載を快諾してくださった『中文導報』及び、彼ら彼女らの物語を、類書があまりない中上級中国語教材に仕上げてくださった朝日出版社、担当の許英花さんに感謝したく思います。

〈本書の構成〉
課文　　：インタビュー記事
詞汇　　：学習者に自主的に調べてもらうため、難しい語に絞って示しています。
語言点　：各課4つずつ、中級以上の文法事項を解説しています。
綜合練習：中上級者を意識して、すべて中国語で答える問題にしています。問1は「本文理解」、問2は「リスニング」、問3はポイントや重要な語句を使った「作文」、問4は文章を作成し、「発表」する課題です。

2023年8月　著者

目次

从柜姐到创业者（上）

001

寄语

采访对象：小鱼，90后，毕业于四川师范大学，2015年赴日留学。
做过化妆品销售、汽车展厅解说员、业余模特等。
采访时间：2022年1月8日
采访地点：御茶水车站附近的咖啡厅

002
——你来日本留学的契机是什么？

主要还是因为大学毕业后找工作不太顺利，我在市电视台实习过，也考过空姐。可是您也知道，国内很多事情都需要找关系、托人情，挺难办的。后来有①个朋友向我推荐了一家留日中介，就来东京读语言学校了。

003
——一边学日语一边找工作？

是的，在便利店、食品加工厂打过工。还在一家小规模的IT公司做过事务员，那个工作虽然时薪不低，但②公司人太少，各干各的，互相之间很少有交流。去商场工作就是想多接触一些人，锻炼日语，结果顾客大多是中国代购。我们那个品牌特别贵，一瓶面霜5、6万日元，日本的年轻人根本买不起③，客人除了代购就是日本的老太太。老太太大都很拘泥于自己的习惯，比如有个姐姐替休假的柜姐接待她的常客，化完妆之后，老太太很有礼貌地说声谢谢就走了。可是过后就打电话来投诉，说给她画眉毛的时候画疼了，说化妆的程序和原来那个柜姐不一样，让她感到不舒服等等。所以有时候会觉得挺不甘心，上大学读了艺术专业，却在日本站柜台。

004
——很理解你的心情，那业余模特呢？工作机会多吗？

不多，其实我并不擅长表演，没有什么自信。现在过了30岁，机会就更少了。

🎧 005 ——什么时候跳槽到丰田去的？

两年前。商场的一个中国同事，说她要去丰田汽车的展厅做讲解员，问我跟不跟她一起去，<u>我毫不犹豫地就答应了</u>。我的性格就是这样的，不喜欢被<u>约束</u>，不喜欢把自己固定下来④。<u>瞎折腾</u>。可我觉得社会在变，人的一生本应该是丰富多彩的，事业也同样如此，我还是挺喜欢挑战自己的。

🎧 006 ——能具体介绍一下你在丰田汽车那边的工作吗？

我在中国车辆区域接待游客，负责关于汽车相关信息的<u>答疑解惑</u>。税后月薪30多万日元，挺高的。主要面向中国客户，用汉语介绍车型功能<u>什么的</u>，也算用上了我的播音专业。<u>疫情</u>刚来的时候，放了几个月的假还照常发工资。后来减了一些，当然我们也不能一直<u>歇</u>着。展厅恢复营业以后，还是没有顾客。可我们必须和往常一样，挂着 iPad <u>走来走去</u>，完全成了一个行走的花瓶，我觉得特别<u>枯燥无味</u>。再说奥运会结束以后不一定能长久持续下去，所以我就开始考虑下一步。

🎧 007 **词汇**

- □ 柜姐 guìjiě：売り子、女性販売員
- □ 于 yú：…において、…で（→第3课 语言点 1）
- □ 销售 xiāoshòu：販売、セールス
- □ 业余 yèyú：アマチュアの
- □ 找关系、托人情 zhǎo guānxi、tuō rénqíng：コネに頼る
- □ 各干各的 gè gàn gè de：それぞれが自分のことをする
- □ 代购 dàigòu：代理購入、代理購入を営む人
- □ 地 de：連用修飾語を作る（→第5课 语言点 2）
- □ 不甘心 bù gānxīn：悔しい思いをする
- □ 毫不… háo bù …：少しも…ない

- □ 约束 yuēshù：制限する、束縛する
- □ 瞎折腾 xiā zhēteng：むやみやたらに動く
- □ 答疑解惑 dáyí jiěhuò：疑問に答え、迷いを解く
- □ 什么的 shénmede：…など
- □ 疫情 yìqíng：疫病発生の状況、ここでは「新型コロナウイルス感染症（COVID-19）の流行」を指す
- □ 走来走去 zǒu lái zǒu qù：行ったり来たりする
- □ 枯燥无味 kūzào wúwèi：味気ない、単調である

Cǎifǎng duìxiàng: Xiǎo Yú, jiǔ líng hòu, bìyè yú Sìchuān shīfàn dàxué, èr líng yī wǔ nián fù Rì
liúxué. Zuòguo huàzhuāngpǐn xiāoshòu, qìchē zhǎntīng jiěshuōyuán, yèyú
mótè děng.

Cǎifǎng shíjiān: èr líng èr èr nián yī yuè bā rì

Cǎifǎng dìdiǎn: Yùcháshuǐ chēzhàn fùjìn de kāfēitīng

—— Nǐ lái Rìběn liúxué de qìjī shì shénme?

　　Zhǔyào háishi yīnwèi dàxué bìyè hòu zhǎo gōngzuò bú tài shùnlì, wǒ zài shì diànshìtái
shíxíguo, yě kǎoguo kōngjiě. Kěshì nín yě zhīdao, guónèi hěn duō shìqing dōu xūyào zhǎo
guānxi、tuō rénqíng, tǐng nánbàn de. Hòulái yǒu ge péngyou xiàng wǒ tuījiànle yì jiā liú Rì
zhōngjiè, jiù lái Dōngjīng dú yǔyán xuéxiào le.

—— Yìbiān xué Rìyǔ yìbiān zhǎo gōngzuò?

　　Shì de, zài biànlìdiàn、shípǐn jiāgōngchǎng dǎguo gōng. Hái zài yì jiā xiǎo guīmó de IT
gōngsī zuòguo shìwùyuán, nàge gōngzuò suīrán shíxīn bù dī, dàn gōngsī rén tài shǎo, gè gàn gè
de, hùxiāng zhījiān hěn shǎo yǒu jiāoliú. Qù shāngchǎng gōngzuò jiùshì xiǎng duō jiēchù yìxiē
rén, duànliàn Rìyǔ, jiéguǒ gùkè dàduō shì Zhōngguó dàigòu. Wǒmen nàge pǐnpái tèbié guì, yì
píng miànshuāng wǔ、liùwàn rìyuán, Rìběn de niánqīngrén gēnběn mǎibuqǐ, kèrén chúle dàigòu
jiùshì Rìběn de lǎotàitai. Lǎotàitai dàduō hěn jūní yú zìjǐ de xíguàn, bǐrú yǒu ge jiějie tì xiūjià de
guìjiě jiēdài tā de chángkè, huàwán zhuāng zhīhòu, lǎotàitai hěn yǒu lǐmào de shuō shēng xièxie
jiù zǒu le. Kěshì guòhòu jiù dǎ diànhuà lái tóusù, shuō gěi tā huà méimao de shíhou huàténg le,
shuō huàzhuāng de chéngxù hé yuánlái nàge guìjiě bù yíyàng, ràng tā gǎndào bù shūfu
děngděng. Suǒyǐ yǒu shíhou huì juéde tǐng bù gānxīn, Shàng dàxué dúle yìshù zhuānyè, què zài
Rìběn zhàn guìtái.

—— Hěn lǐjiě nǐ de xīnqíng, nà yèyú mótè ne? Gōngzuò jīhuì duō ma?

　　Bù duō, qíshí wǒ bìng bú shàncháng biǎoyǎn, méiyou shénme zìxìn. Xiànzài guòle sānshí
suì, jīhuì jiù gèng shǎo le.

—— Shénme shíhou tiàocáodào Fēngtián qù de?

　　Liǎng nián qián. Shāngchǎng de yí ge Zhōngguó tóngshì, shuō tā yào qù Fēngtián qìchē de
zhǎntīng zuò jiǎngjiěyuán, wèn wǒ gēn bu gēn tā yìqǐ qù, wǒ háo bù yóuyù de jiù dāying le. Wǒ
de xìnggé jiùshì zhèyàng de, bù xǐhuan bèi yuēshù, bù xǐhuan bǎ zìjǐ gùdìngxiàlai. Kěnéng yǒu
rén huì shuō wǒ bù ānyú xiànzhuàng, xiā zhēteng. Kě wǒ juéde shèhuì zài biàn, rén de yìshēng
běn yīnggāi shì fēngfù duōcǎi de, shìyè yě tóngyàng rúcǐ, wǒ háishi tǐng xǐhuan tiǎozhàn zìjǐ de.

—— Néng jùtǐ jièshào yíxià nǐ zài Fēngtián qìchē nàbiān de gōngzuò ma?

　　Wǒ zài Zhōngguó chēliàng qūyù jiēdài yóukè, fùzé guānyú qìchē xiāngguān xìnxī de dáyí
jiěhuò. Shuì hòu yuèxīn sānshí duō wàn rìyuán, tǐng gāo de. Zhǔyào miànxiàng Zhōngguó kèhù,
yòng Hànyǔ jièshào chēxíng gōngnéng shénme de, yě suàn yòngshangle wǒ de bōyīn zhuānyè.
Yìqíng gāng lái de shíhou, fàngle jǐ ge yuè de jià hái zhàocháng fā gōngzī. Hòulái jiǎnle yìxiē,
dāngrán wǒmen yě bù néng yìzhí xiēzhe. Zhǎntīng huīfù yíngyè yǐhòu, háishi méiyou gùkè. Kě
wǒmen bìxū hé wǎngcháng yíyàng, guàzhe iPad zǒu lái zǒu qù, wánquán chéngle yí ge xíngzǒu
de huāpíng, wǒ juéde tèbié kūzào wúwèi. Zàishuō Àoyùnhuì jiéshù yǐhòu bù yídìng néng
chángjiǔ chíxùxiàqu, suǒyǐ wǒ jiù kāishǐ kǎolǜ xià yí bù.

语言点

1 "有"を用いる連動文（"有"＋O/S＋V）

008

"有"の目的語が後の動詞の主語となっている。"有"の目的語には不特定のものが置かれる。

例句 我有一个朋友在中国工作。
Wǒ yǒu yí ge péngyou zài Zhōngguó gōngzuò.

有几只小鸟在树上唱歌儿。
Yǒu jǐ zhī xiǎo niǎo zài shùshang chànggēr.

2 虽然…但～

009

「…ではあるが～」。"虽然"の代わりに、口語では"虽说"、書面語（正式な文体）では"虽"が用いられる場合がある。"但"の代わりに、"但是"、"可是"、"然而"などが用いられる場合がある。

例句 虽然已经是春天了，但天气还有点儿凉。
Suīrán yǐjīng shì chūntiān le, dàn tiānqì hái yǒudiǎnr liáng.

这个工作虽然挣的钱不多，但时间比较自由。
Zhège gōngzuò suīrán zhèng de qián bù duō, dàn shíjiān bǐjiào zìyóu.

3 买不起

010

「（金銭的に負担できず）買うことができない」。「動詞＋可能補語"不起"」で、金銭的、肉体的、精神的などの負担能力がなくてできないことを表す。

例句 这个房子太贵了，我租不起。
Zhège fángzi tài guì le, wǒ zūbuqǐ.

父母年纪大了，经不起打击。
Fùmǔ niánjì dà le, jīngbuqǐ dǎjī.

4 固定下来

011

「動詞＋方向補語"下来"」で、ここでは動作が完了した結果、固定することを表す。なお、最終行の「動詞＋方向補語"下去"」は、ここでは「（現在から未来へ）…し続ける」を表す。

例句 学语言贵在坚持，一旦停下来就前功尽弃。
Xué yǔyán guì zài jiānchí, yídàn tíngxiàlai jiù qiángōng jìnqì.

先把时间定下来，我再去征求大家的意见。
Xiān bǎ shíjiān dìngxiàlai, wǒ zài qù zhēngqiú dàjiā de yìjiàn.

1 本文の内容に基づき、以下の問に中国語で答えましょう。

(1) 用两句话总结一下小鱼的性格。

_____

(2) 小鱼为什么不满足站柜台的工作？

_____

(3) 小鱼在丰田汽车做什么工作？

_____

(4) 促使小鱼开始考虑下一步的原因是什么？

_____

2 聴き取った中国語を書きましょう。
012

(1) _____

_____

(2) _____

_____

(3) _____

_____

(4) _____

_____

3 次の語句を使って文を作りましょう。

(1) 虽然…但～

_____

(2) 买不起

_____

(3) 毫不

_____

(4) 什么的

_____

4 次の問に対する答えを中国語で書き、発表しましょう（50字程度）。

問 你是一个安于现状的人还是一个喜欢挑战的人？

_____

_____

_____

_____

_____

🎧 013 ——你说的"下一步"就是创业？

　　对，通过国内朋友的介绍，加盟了一个<u>直播软件</u>，给他们做日本代理。不需要太多投资，在朋友的帮助<u>下</u>[1]，很快就租到办公室，我也顺利拿到了经营<u>签证</u>。刚开始没多久，还在摸索当中，挣的钱和原来差不多。只是竞争挺激烈的，还有就是日本人接受新事物特别慢，说服她们做直播挺困难的。以后还是想做贸易，更稳定一些，收益也多。

🎧 014 ——你现在适应了日本的生活吗？和刚来的时候有没有什么<u>心态</u>上的变化？

　　我大学毕业后还在国内工作过一段时间嘛，刚来东京读语言学校的时候，周围的同学大都比我小，觉得挺孤独的。离开中国的时候是有一种逃避心理的，可是到了日本，因为语言障碍以及<u>圈子</u>小接触不到同龄朋友，又很难和周围<u>沟通</u>，就变成了另一种逃避。逃避身处的异国环境，那时每天在网络上看国内的新闻，读国内的<u>博客</u>。

🎧 015 ——是啊，很多人都有类似的经历。

　　记得在便利店打工的时候，一天有个中国妈妈带着孩子来买饮料，她的孩子一直在旁边<u>念叨</u>"ストロー"，我不知道是什么意思。那位妈妈又对我说了一遍，我就问"ストロー"是什么？她很生气地改用汉语说："你的日语这么差还<u>打什么工</u>[2]？"我马上深<u>鞠躬</u>向她道歉，她走后我背转身就<u>泪如雨下</u>。那时候我才发现原来自己这么脆弱。现在好多了，日语沟通没有问题了，也交到很多朋友，<u>连思维方式都</u>[3]有些日本化了。

🎧 016 ——那如果现在让你选择的话，你觉得回国好还是继续留在这里好？

现在中国发展得太快了，看网上的<u>视频</u>，那些单身女性把自己的<u>小日子</u>过得<u>有滋有味</u>。我觉得一个人在异国<u>打拼</u>挺有压力的，生活质量也不太好。但我<u>既然</u>④出来了，还是想做出点事情再考虑回去或者留下的问题。眼下就是想办法把公司做下去，扩大一些业务。也有朋友说，当初要是在这边读个硕士，回国就职应该还挺好的。但我觉得现在的这种生活更丰富多彩一些，也更接近我理想中的样子吧，虽然也说不清楚这样到底对不对。不过反正我<u>总要</u>结婚的，嫁人之前自己先<u>闯荡</u>一番，也不<u>辜负</u>这份坚持下来的自由。

🎧 017

词汇

☐ 直播软件 zhíbō ruǎnjiàn：ライブ配信ソフト（アプリ）

☐ 签证 qiānzhèng：ビザ

☐ 心态 xīntài：心理状態

☐ 圈子 quānzi：交友範囲

☐ 沟通 gōutōng：コミュニケーションをとる

☐ 博客 bókè：ブログ

☐ 念叨 niàndao：ぶつぶつ言う

☐ 鞠躬 jūgōng：お辞儀をする

☐ 泪如雨下 lèi rú yǔ xià：雨のように涙が流れる

☐ 思维 sīwéi：思考

☐ 视频 shìpín：動画

☐ 小日子 xiǎorìzi：暮らし

☐ 有滋有味 yǒu zī yǒu wèi：趣があって楽しい

☐ 打拼 dǎpīn：必死に頑張る、努力する

☐ 总要 zǒngyào：どうしても…しなければならない

☐ 闯荡 chuǎngdàng：異郷で生活を求める

☐ 辜负 gūfù：無駄にする、（期待などに）背く

—— Nǐ shuō de "xià yí bù" jiù shì chuàngyè?

Duì, tōngguò guónèi péngyou de jièshào, jiāménglè yí ge zhíbō ruǎnjiàn, gěi tāmen zuò Rìběn dàilǐ. Bù xūyào tài duō tóuzī, zài péngyou de bāngzhù xià, hěn kuài jiù zūdào bàngōngshì, wǒ yě shùnlì nádàole jīngyíng qiānzhèng. Gāng kāishǐ méi duō jiǔ, hái zài mōsuǒ dāngzhōng, zhèng de qián hé yuánlái chàbuduō. Zhǐshì jìngzhēng tǐng jīliè de, hái yǒu jiùshì Rìběnrén jiēshòu xīn shìwù tèbié màn, shuōfú tāmen zuò zhíbō tǐng kùnnan de. Yǐhòu háishi xiǎng zuò màoyì, gèng wěndìng yìxiē, shōuyì yě duō.

—— Nǐ xiànzài shìyìngle Rìběn de shēnghuó ma? Hé gāng lái de shíhou yǒu méiyou shénme xīntàishang de biànhuà?

Wǒ dàxué bìyè hòu hái zài guónèi gōngzuòguo yí duàn shíjiān ma, gāng lái Dōngjīng dú yǔyán xuéxiào de shíhou, zhōuwéi de tóngxué dàdōu bǐ wǒ xiǎo, juéde tǐng gūdú de. Líkāi Zhōngguó de shíhou shì yǒu yì zhǒng táobì xīnlǐ de, kěshì dàole Rìběn, yīnwèi yǔyán zhàng'ài yǐjí quānzi xiǎo jiēchùbudào tónglíng péngyou, yòu hěn nán hé zhōuwéi gōutōng, jiù biànchéngle lìng yì zhǒng táobì. Táobì shēn chǔ de yìguó huánjìng, nà shí měi tiān zài wǎngluòshang kàn guónèi de xīnwén, dú guónèi de bókè.

—— Shì a, hěn duō rén dōu yǒu lèisì de jīnglì.

Jìde zài biànlìdiàn dǎgōng de shíhou, yìtiān yǒu ge Zhōngguó māma dàizhe háizi lái mǎi yǐnliào, tā de háizi yìzhí zài pángbiān niàndao "sutoro", wǒ bù zhīdào shì shénme yìsi. Nà wèi māma yòu duì wǒ shuōle yí biàn, wǒ jiù wèn "sutoro" shì shénme? Tā hěn shēngqì de gǎi yòng Hànyǔ shuō："Nǐ de Rìyǔ zhème chà hái dǎ shénme gōng?" Wǒ mǎshàng shēn jūgōng xiàng tā dàoqiàn, tā zǒu hòu wǒ bèi zhuǎnshēn jiù lèi rú yǔ xià. Nà shíhou wǒ cái fāxiàn yuánlái zìjǐ zhème cuìruò. Xiànzài hǎo duō le, Rìyǔ gōutōng méiyǒu wèntí le, yě jiāodào hěn duō péngyou, lián sīwéi fāngshì dōu yǒu xiē Rìběn huà le.

—— Nà rúguǒ xiànzài ràng nǐ xuǎnzé dehuà, nǐ juéde huíguó hǎo háishi jìxù liú zài zhèli hǎo?

Xiànzài Zhōngguó fāzhǎnde tài kuài le, kàn wǎngshang de shìpín, nà xiē dānshēn nǚxìng bǎ zìjǐ de xiǎorìzi guòde yǒu zī yǒu wèi. Wǒ juéde yí ge rén zài yìguó dǎpīn tǐng yǒu yālì de, shēnghuó zhìliàng yě bú tài hǎo. Dàn wǒ jìrán chūlai le, háishi xiǎng zuòchū diǎn shìqing zài kǎolù huíqu huòzhě liúxia de wèntí. Yǎnxià jiù shì xiǎng bànfǎ bǎ gōngsī zuòxiàqu, kuòdà yìxiē yèwù. Yě yǒu péngyou shuō, dāngchū yàoshi zài zhèbian dú ge shuòshì, huíguó jiùzhí yīnggāi hái tǐng hǎo de. Dàn wǒ juéde xiànzài de zhè zhǒng shēnghuó gèng fēngfù duōcǎi yìxiē, yě gèng jiējìn wǒ lǐxiǎng zhōng de yàngzi ba, suīrán yě shuōbuqīngchu zhèyàng dàodǐ duì bu duì. Búguò fǎnzhèng wǒ zǒngyào jiéhūn de, jià rén zhīqián zìjǐ xiān chuǎngdàng yì fān, yě bù gūfù zhè fèn jiānchíxiàlai de zìyóu.

1 在…下

「…の下で」「…によって」。動作の範囲、条件などを表す。

例句 ▶ 在母亲的悉心照料下，他的病情日渐好转。
Zài mǔqin de xīxīn zhàoliào xià, tā de bìngqíng rìjiàn hǎozhuǎn.

在疫情蔓延的情况下，我们还是不要聚会了。
Zài yìqíng mànyán de qíngkuàng xià, wǒmen háishi búyào jùhuì le.

2 離合詞 "打工"

動詞"打工"は動詞そのものが「動詞＋目的語」でできている離合詞で、"什么"などは目的語相当の"工"の前に置く。離合詞はほかに"睡觉"、"留学"などがある。

例句 ▶ 他每天睡七个小时觉。
Tā měi tiān shuì qī ge xiǎoshí jiào.

我以前去中国留过学。
Wǒ yǐqián qù Zhōngguó liúguo xué.

3 连…都～

「…でさえ～」。"都"のほかに"也"も用いられる。

例句 ▶ 这件事，别说你了，连我父母都不知道。
Zhè jiàn shì, biéshuō nǐ le, lián wǒ fùmǔ dōu bù zhīdào.

你读了那么多书，连这个道理也不明白吗？
Nǐ dúle nàme duō shū, lián zhège dàoli yě bù míngbai ma?

4 接続詞 "既然"

「…したからには」「…である以上」という意味の接続詞。よく"既然…就～"などの形で用いる。

例句 ▶ 既然来了，就多住几天吧。
Jìrán lái le, jiù duō zhù jǐ tiān ba.

既然你已经决定了，我还能说什么？
Jìrán nǐ yǐjīng juédìng le, wǒ hái néng shuō shénme?

1 本文の内容に基づき、以下の問に中国語で答えましょう。

(1) 小鱼很快就适应了日本的生活吗？

_____

(2) 小鱼创业做的是什么？

_____

(3) 小鱼对她自己的选择感到满意吗？

_____

(4) 小鱼想回中国发展还是想继续留在日本打拼？

_____

🎧 022 **2** 聴き取った中国語を書きましょう。

(1) _____

_____

(2) _____

_____

(3) _____

_____

(4) _____

_____

3 次の語句を使って文を作りましょう。

(1) 在…下

_____

(2) 连…都〜

_____

(3) 既然…就〜

_____

(4) 辜负

_____

_____

4 次の問に対する答えを中国語で書き、発表しましょう（50字程度）。

問 你在学汉语的过程中遇到过语言表达的困难吗？

_____

_____

_____

_____

_____

_____

第 **3** 课　人到中年的抉择（上）

023

采访对象：丹丹，80后，先后毕业于^①北京第二外国语学院和日本帝京
　　　　　大学，在北京的伊藤洋华堂做了10年翻译工作之后，于
　　　　　2020年再次来到日本留学，专攻幼儿教育。

采访时间：2022年2月1日

采访方式：微信视频

寄语

024
　　——是什么原因让你辞掉工作又来留学的呢？

　　很巧，当时有个日本的幼儿教育专家到上海开会，朋友问我能不能给他做翻译。虽然我完全没有这方面的专业知识，但对幼儿教育挺感兴趣的，那时候我女儿刚好2岁。那次经历让我对日本的幼儿教育产生了兴趣。也算结下了缘分吧，后来经常给他们做翻译，还带队来日本参观、考察。一来二往兴趣更浓厚了，结交的人也越来越多。于是我就干脆辞掉工作，想专门做一下相关的中日交流活动。

　　这时候就发现自己的知识不够用了，隔行如隔山，好多专业术语都不太清楚。然后就在前年，日本这边要召开一个"森林幼儿园"的峰会，我就来听。刚好那时候坐在我旁边的人就是我现在这个学校的教授，聊了之后，他就约我去他们学校看看。就是长野县的饭田女子短期大学，里面有个幼儿教育学科。昭和风味的校舍，还挺有魅力的。我就决定来考他们学校，反正也就2年大专嘛。

025
　　——30多岁辞掉工作也挺需要勇气的吧？

　　对，那时候我就快40岁了，工作方面也感到一定的局限。公司在市场竞争中也要面临很多难题，而^②我仅仅是个翻译，能起到的作用是有限的，所以就想改变一下活法。当然，那10年的工作经验对我来说

也是一笔人生财富。我只是觉得不能再依赖<u>惯性</u>，<u>得</u>适当地<u>闯</u>一闯。

🎧 026 ——那你的家人，特别是你老公，没有反对吗？

家人很支持，<mark>尤其是</mark>③老公，他最支持，他是特别愿意我多学知识的。还有一个经济方面的原因，就是正好我婆婆家<u>拆迁</u>，拿到一笔钱，所以我才能来的。

🎧 027 ——北京人的优势（笑）。不过你工作那么多年也有积蓄吧？

没有积蓄，我们都是普通的<u>工薪阶层</u>。我在伊藤洋华堂的工资也<mark>就</mark>④一个月6000块，在北京生活根本就很难有剩余的。

🎧 028 **词汇**

- □ 伊藤洋华堂 Yīténgyánghuátáng：イトーヨーカドー
- □ 辞掉 cídiào：辞める
- □ 刚好 gānghǎo：ちょうど
- □ 一来二往 yì lái èr wǎng：何度も付き合う
- □ 结交 jiéjiāo：友達になる
- □ 干脆 gāncuì：思い切って
- □ 够用 gòuyòng：役に立つ、十分だ
- □ 隔行如隔山 géháng rú géshān：分野が違うと全く見当が付かない
- □ 峰会 fēnghuì：サミット
- □ 局限 júxiàn：限界
- □ 对…来说 duì…lái shuō：…にとっては
- □ 惯性 guànxìng：惰性
- □ 得 děi：…しなければならない（→第7課 语言点2）
- □ 闯 chuǎng：経験を積む、自分を鍛える
- □ 拆迁 chāiqiān：家屋を取り壊して立ち退く
- □ 工薪阶层 gōngxīn jiēcéng：サラリーマン

Cǎifǎng duìxiàng: Dāndān, bā líng hòu, xiānhòu bìyè yú Běijīng dì-èr wàiguóyǔ xuéyuàn hé
　　　　　　　　Rìběn Dìjīng dàxué, zài Běijīng de Yīténgyánghuátáng zuòle shí nián fānyì
　　　　　　　　gōngzuò zhīhòu yú èr líng èr líng nián zàicì láidào Rìběn liúxué, zhuāngōng
　　　　　　　　yòu'ér jiàoyù.
Cǎifǎng shíjiān: èr líng èr èr nián èr yuè yī rì
Cǎifǎng fāngshì: Wēixìn shìpín

—— Shì shénme yuányīn ràng nǐ cídiào gōngzuò yòu lái liúxué de ne?

　　Hěn qiǎo, dāngshí yǒu ge Rìběn de yòu'ér jiàoyù zhuānjiā dào Shànghǎi kāihuì, péngyou
wèn wǒ néng bu néng gěi tā zuò fānyì. Suīrán wǒ wánquán méiyou zhè fāngmiàn de zhuānyè
zhīshi, dàn duì yòu'ér jiàoyù tǐng gǎn xìngqù de, nà shíhou wǒ nǚ'ér gānghǎo liǎng suì. Nà cì
jīnglì ràng wǒ duì Rìběn de yòu'ér jiàoyù chǎnshēngle xìngqù. Yě suàn jiéxiale yuánfèn ba,
hòulái jīngcháng gěi tāmen zuò fānyì, hái dài duì lái Rìběn cānguān、kǎochá. Yī lái èr wǎng
xìngqù gèng nónghòu le, jiéjiāo de rén yě yuèláiyuè duō. Yúshì wǒ jiù gāncuì cídiào gōngzuò,
xiǎng zhuānmén zuò yíxià xiāngguān de Zhōng-Rì jiāoliú huódòng.

　　Zhè shíhou jiù fāxiàn zìjǐ de zhīshi búgòu yòng le, géháng rú géshān, hǎo duō zhuānyè
shùyǔ dōu bú tài qīngchu. Ránhòu jiù zài qiánnián, Rìběn zhèbiān yào zhàokāi yí ge "Sēnlín
yòu'éryuán"de fēnghuì, wǒ jiù lái tīng. Gānghǎo nà shíhou zuò zài wǒ pángbiān de rén jiùshì wǒ
xiànzài zhège xuéxiào de jiàoshòu, liáole zhīhòu, tā jiù yuē wǒ qù tāmen xuéxiào kànkan. Jiùshì
Chángyěxiàn de Fàntián nǚzǐ duǎnqī dàxué, lǐmiàn yǒu ge yòu'ér jiàoyù xuékē. Zhāohé fēngwèi
de xiàoshè, hái tǐng yǒu mèilì de. Wǒ jiù juédìng lái kǎo tāmen xuéxiào, fǎnzhèng yě jiù liǎng
nián dàzhuān ma.

—— Sānshí duō suì cídiào gōngzuò yě tǐng xūyào yǒngqì de ba?

　　Duì, nà shíhou wǒ jiù kuài sìshí suìle, gōngzuò fāngmiàn yě gǎndào yídìng de júxiàn. Gōngsī
zài shìchǎng jìngzhēng zhōng yě yào miànlín hěn duō nántí, ér wǒ jǐnjǐn shì ge fānyì, néng qǐdào
de zuòyòng shì yǒuxiàn de, suǒyǐ jiù xiǎng gǎibiàn yíxià huófǎ. Dāngrán, nà shí nián de gōngzuò
jīngyàn duì wǒ lái shuō yě shì yì bǐ rénshēng cáifù. Wǒ zhǐshì juéde bù néng zài yīlài guànxìng,
děi shìdàng de chuǎng yi chuǎng.

—— Nà nǐ de jiārén, tèbié shì nǐ lǎogōng, méiyou fǎnduì ma?

　　Jiārén hěn zhīchí, yóuqí shì lǎogōng, tā zuì zhīchí, tā shì tèbié yuànyì wǒ duō xué zhīshi de.
Hái yǒu yí ge jīngjì fāngmiàn de yuányīn, jiùshì zhènghǎo wǒ pópo jiā chāiqiān, nádào yì bǐ qián,
suǒyǐ wǒ cái néng lái de.

—— Běijīngrén de yōushì (xiào). Búguò nǐ gōngzuò nàme duō nián yě yǒu jīxù ba?

　　Méiyou jīxù, wǒmen dōu shì pǔtōng de gōngxīn jiēcéng. Wǒ zài Yīténgyánghuátáng de
gōngzī yě jiù yí ge yuè liùqiān kuài, zài Běijīng shēnghuó gēnběn jiù hěn nán yǒu shèngyú de.

语言点

1　介词"于"

029

書面語（正式な文体）の常用表現で、介詞として場所、時、比較対象、原因など様々な要素を導く。本文冒頭の"于"は「場所」、2行目の"于"は「時」を導いている。

> 例句 ▶ 这家公司成立于第二次世界大战之前。
> Zhè jiā gōngsī chénglì yú Dì-Èr Cì Shìjiè Dàzhàn zhīqián.
>
> 新 HSK6 级相当于"中国语检定"的几级？
> Xīn HSK liù jí xiāngdāng yú "Zhōngguóyǔ jiǎndìng" de jǐ jí?

2　接続詞"而"

030

古くから用いられ、書面語（正式な文体）で常用される接続詞。ここでは「…ではあるが」という逆接を表しているが、「…でありまた…」など順接を表す場合もある。

> 例句 ▶ 我给你发了好几封邮件，而你一封都没回。
> Wǒ gěi nǐ fāle hǎojǐ fēng yóujiàn, ér nǐ yì fēng dōu méi huí.
>
> 车窗外的风景很美，而乘客们大多在看手机。
> Chēchuāng wài de fēngjǐng hěn měi, ér chéngkèmen dàduō zài kàn shǒujī.

3　尤其是…

031

「特に（とりわけ）…」を表し、後に特に取り立てる事物を挙げる。同じ意味で"特别是…"という表現もある。

> 例句 ▶ 我喜欢吃中国菜，尤其是四川菜。
> Wǒ xǐhuan chī Zhōngguócài, yóuqí shì Sìchuāncài.
>
> 我第一节课总是特别困，尤其是上汉语课的时候。
> Wǒ dī yī jié kè zǒngshì tèbié kùn, yóuqí shì shàng Hànyǔkè de shíhou.

4　副詞"就"

032

"就"は多義語であるが、ここでは副詞として「たった…だけ」を表す。"只"と同じ。

> 例句 ▶ 我就这么点儿钱，买不起那么贵的东西。
> Wǒ jiù zhème diǎnr qián, mǎibuqǐ nàme guì de dōngxi.
>
> 昨天为了准备考试，我就睡了 3 个小时。
> Zuótiān wèile zhǔnbèi kǎoshì, wǒ jiù shuìle sān ge xiǎoshí.

1 本文の内容に基づき、以下の問に中国語で答えましょう。

(1) 丹丹为什么辞掉了伊藤洋华堂的工作？

_____

(2) 丹丹是怎么对日本的幼儿教育产生兴趣的？

_____

(3) 促使丹丹报考饭田女子短期大学的理由是什么？

_____

(4) 丹丹辞掉工作的时候遭到家里人的反对了吗？

_____

033 **2** 聴き取った中国語を書きましょう。

(1) _____

_____

(2) _____

_____

(3) _____

_____

(4) _____

_____

3 次の語句を使って文を作りましょう。

(1) 于

_____

(2) 干脆

_____

(3) 对…来说

_____

(4) 尤其是…

_____

4 次の問に対する答えを中国語で書き、発表しましょう（50字程度）。

問 试想遇到什么样的情况会让你下决心辞掉工作？

_____

_____

_____

_____

_____

人到中年的抉择（下）

ↀ 034 ——女儿在国内谁照顾？

　　主要是爷爷、奶奶、姥姥、姥爷照顾，我老公后来也换工作了，经常出差。我原本打算把女儿带过来的，让她在这边上保育园。2020年1月来考试的时候，跟女儿说一个星期就回去了。可是突然爆发了<u>新冠肺炎</u>，发现航班<u>一下子</u>减少很多。我担心回去一趟就过不来了，就没回去。<u>这不</u>，快2年了还没见到女儿。

　　去年10月份<u>不是</u>有一段时间缓和了<u>吗</u>①？正好那时候我要去幼儿园实习，就想一个月的实习期过了之后就把她接过来。后来手续都办好了，机票也买了。结果，突然因为这个<u>奥密克戎</u>，在我女儿要登机的前一天，日本政府<u>下令</u>禁止<u>入境</u>，就让她自己一个人来都<u>来不了</u>②，当时特别难受。

　　所以说，孩子很可怜。你看，我来这里是<u>为了</u>学习幼儿教育的，可是我在我女儿的教育方面却成了一个缺席者。

ↀ 035 ——是啊，这太意外了。那你后悔当初的那个决定吗？

　　不后悔，现在只能往前看。想想那时候我已经辞了工作，如果不来这里读书的话，疫情这两年也就<u>只能</u>呆在家里了。不过也有人说学历都是往上读的，你怎么又往下读？他们可能觉得我应该读个研究生什么的吧。可是我觉得不能<u>光</u>看学历，主要还是自己感兴趣的，更实用一些的东西才值得让你这样<u>去</u>付出。我们<u>这个</u>学校的老师同学都对我特别好，我是他们学校建校40多年以来第一个留学生。可能也是因为在乡下吧，<u>人情淳朴</u>。

ↀ 036 ——真好，那你毕业以后的打算呢？

　　我想先在这边工作几年，把我学到的专业知识实践一下。积累一些经验之后，再把这种幼儿教育往咱们国内推广。国内现在大都是6加1

模式，也就是 4 个老人加父母带 1 个孩子。我看日本无论几个孩子，都③是一个妈妈全搞定。然后就是比较专业的幼儿教育体系，让孩子们能够更多地去接触自然，同时也更多地参与自己的日常生活，自己能做的事情让他们自己做，而不是家长一手包揽。

🎧 037 ——这个想法挺好的。可是还得继续两地分居下去呀？

对，女儿到时候肯定就能带过来了。老公来不了，他得在国内给我们挣钱，您知道日本的这个保育园的工作薪水很低的。

🎧 038 ——明白。那你有没有年龄方面的危机感？

中年危机确实存在，毕竟我的同龄人大都已经在自己的工作上有了一定成就，而且一家人在一起。有时候也会考虑这一步走得对不对？但是，既然选择了就得坚持到底，尽量发挥自己的优势吧。可能记忆力不如④年轻人，但是吸收能力和经验要比年轻人有优势。总之就是让自己乐观、积极向上地去面对。

🎧 039 **词汇**

- □ 新冠肺炎 Xīnguānfèiyán：新型コロナウイルス関連肺炎
- □ 一下子 yíxiàzi：たちまち、すぐに
- □ 这不 zhè bù：ほらね
- □ 奥密克戎 Àomìkèróng：オミクロン
- □ 下令 xiàlìng：命令を下す
- □ 入境 rùjìng：入国する
- □ 为了 wèile：…のために（→第5课 语言点 1）
- □ 只能 zhǐ néng：…しかできない（→第6课 语言点 1）
- □ 光 guāng：ただ、…だけ
- □ 你 nǐ：（広く）任意の人、人一般（→第9课 语言点 2）

- □ 去 qù：…しよう、進んで…する（→第10课 语言点 3）
- □ 付出 fùchū：（努力、精力などを）払う、尽くす、打ち込む
- □ 这个 zhège：…のこの…（→第8课 语言点 1）
- □ 淳朴 chúnpǔ：純朴な、素朴な
- □ 模式 móshì：モデル
- □ 包揽 bāolǎn：一手に引き受ける
- □ 薪水 xīnshuǐ：給料
- □ 坚持到底 jiānchí dàodǐ：あくまで頑張り通す
- □ 总之 zǒngzhī：要するに、とにかく

—— Nǚ'ér zài guónèi shéi zhàogù?

　　Zhǔyào shì yéye、nǎinai、lǎolao、lǎoye zhàogù, wǒ lǎogōng hòulái yě huàn gōngzuò le, jīngcháng chūchāi. Wǒ yuánběn dǎsuàn bǎ nǚ'ér dàiguòlai de, ràng tā zài zhèbian shàng bǎoyùyuán. Èr líng èr líng nián yī yuè lái kǎoshì de shíhou, gēn nǚ'ér shuō yí ge xīngqī jiù huíqu le. Kěshì tūrán bàofāle Xīnguānfèiyán, fāxiàn hángbān yíxiàzi jiǎnshǎo hěn duō. Wǒ dānxīn huíqu yí tàng jiù guòbulái le, jiù méi huíqu. Zhè bù, kuài liǎng nián le hái méi jiàndào nǚ'ér.

　　Qùnián shíyuèfèn bú shì yǒu yí duàn shíjiān huǎnhé le ma? Zhènghǎo nà shíhou wǒ yào qù yòu'éryuán shíxí, jiù xiǎng yí ge yuè de shíxí qī guòle zhīhòu jiù bǎ tā jiēguòlai. Hòulái shǒuxù dōu bànhǎo le, jīpiào yě mǎi le. Jiéguǒ, tūrán yīnwèi zhège Àomìkèróng, jiù zài wǒ nǚ'ér yào dēngjī de qián yì tiān, Rìběn zhèngfǔ xiàlìng jìnzhǐ rùjìng, jiù ràng tā zìjǐ yí ge rén lái dōu láibuliǎo, dāngshí tèbié nánshòu.

　　Suǒyǐ shuō, háizi hěn kělián. Nǐ kàn, wǒ lái zhèli shì wèile xuéxí yòu'ér jiàoyù de, kěshì wǒ zài wǒ nǚ'ér de jiàoyù fāngmiàn què chéngle yí ge quēxízhě.

—— Shì a, zhège tài yìwài le. Nà nǐ hòuhuǐ dāngchū de nàge juédìng ma?

　　Bú hòuhuǐ, xiànzài zhǐ néng wǎng qián kàn. Xiǎngxiang nà shíhou wǒ yǐjīng cíle gōngzuò, rúguǒ bù lái zhèli dúshū dehuà, yìqíng zhè liǎng nián yě jiù zhǐ néng dāi zài jiāli le. Búguò yě yǒu rén shuō xuélì dōu shì wǎng shàng dú de, nǐ zěnme yòu wǎng xià dú? Tāmen kěnéng juéde wǒ yīnggāi dú ge yánjiūshēng shénmede ba. Kěshì wǒ juéde bù néng guāng kàn xuélì, zhǔyào háishi zìjǐ gǎn xìngqù de, gèng shíyòng yìxiē de dōngxi cái zhídé ràng nǐ zhèyàng qù fùchū. Wǒmen zhège xuéxiào de lǎoshī tóngxué dōu duì wǒ tèbié hǎo, wǒ shì tāmen xuéxiào jiàn xiào sìshí duō nián yǐlái dí yī ge liúxuéshēng. Kěnéng yě shì yīnwèi zài xiāngxià ba, rénqíng chúnpǔ.

—— Zhēn hǎo, nà nǐ bìyè yǐhòu de dǎsuàn ne?

　　Wǒ xiǎng xiān zài zhèbian gōngzuò jǐ nián, bǎ wǒ xuédào de zhuānyè zhīshi shíjiàn yíxià. Jīlěi yìxiē jīngyàn zhīhòu, zài bǎ zhè zhǒng yòu'ér jiàoyù wǎng zánmen guónèi tuīguǎng. Guónèi xiànzài dàdōu shì liù jiā yī móshì, yě jiùshì sì ge lǎorén jiā fùmǔ dài yí ge háizi. Wǒ kàn Rìběn wúlùn jǐ ge háizi, dōu shì yí ge māma quán gǎodìng. Ránhòu jiùshì bǐjiào zhuānyè de yòu'ér jiàoyù tǐxì, ràng háizimen nénggòu gèng duō de qù jiēchù zìrán, tóngshí yě gèng duō de cānyù zìjǐ de rìcháng shēnghuó, zìjǐ néng zuò de shìqing ràng tāmen zìjǐ zuò, ér bú shì jiāzhǎng yìshǒu bāolǎn.

—— Zhège xiǎngfa tǐng hǎo de. Kěshì hái děi jìxù liǎng dì fēnjūxiàqu ya?

　　Duì, nǚ'ér dào shíhou kěndìng jiù néng dàiguòlai le. Lǎogōng láibuliǎo, tā děi zài guónèi gěi wǒmen zhèng qián, nín zhīdao Rìběn de zhège bǎoyùyuán de gōngzuò xīnshuǐ hěn dī de.

—— Míngbai. Nà nǐ yǒu méiyou niánlíng fāngmiàn de wēijīgǎn?

　　Zhōngnián wēijī quèshí cúnzài, bìjìng wǒ de tónglíngrén dàdōu yǐjīng zài zìjǐ de gōngzuòshang yǒule yídìng chéngjiù, érqiě yìjiārén zài yìqǐ. Yǒu shíhou yě huì kǎolǜ zhè yí bù zǒude duì bu duì? Dànshì, jìrán xuǎnzéle jiù děi jiānchí dàodǐ, jǐnliàng fāhuī zìjǐ de yōushì ba. Kěnéng jìyìlì bùrú niánqīng rén, dànshì xīshōu nénglì hé jīngyàn yào bǐ niánqīng rén yǒu yōushì. Zǒngzhī jiùshì ràng zìjǐ lèguān、jījí xiàngshàng de qù miànduì.

1 不是…吗

反語文の形で「…ではないか？」を表す。

例句▶ 这个问题，你不是已经解决了吗？
Zhège wèntí, nǐ bú shì yǐjīng jiějué le ma?

我们不是说好了暑假一起去海边吗？
Wǒmen bú shì shuōhǎole shǔjià yìqǐ qù hǎibiān ma?

2 来不了

「動詞"来"＋可能補語"不了"」の形。"－不了"は「（可能性として）…できない」「（完全に）
…しきれない」などを表す。

例句▶ 他有点发烧，今天来不了了。
Tā yǒudiǎn fāshāo, jīntiān láibuliǎo le.

你做的菜太多了，两顿也吃不了。
Nǐ zuò de cài tài duō le, liǎng dùn yě chībuliǎo.

3 无论…都～

「たとえ（どんな）…であっても～だ」。"无论"と同義の接続詞に"不管"、"不论"がある。
"都"以外に"也"、"还是"などが用いられる場合がある。

例句▶ 无论做什么事都要三思而后行。
Wúlùn zuò shénme shì dōu yào sān sī ér hòu xíng.

无论你有多少个理由，也不能欺负比你弱小的人。
Wúlùn nǐ yǒu duōshao ge lǐyóu, yě bù néng qīfù bǐ nǐ ruòxiǎo de rén.

4 不如…

「…に及ばない」「…の方がよい」。しばしば「A＋"不如"＋B」（A は B に及ばない、A より
B の方がよい）の形で用いられる。

例句▶ 这么热的天，去哪儿都不如在家呆着。
Zhème rè de tiān, qù nǎr dōu bùrú zài jiā dāizhe.

这个手机的像素不如那个好。
Zhège shǒujī de xiàngsù bùrú nàge hǎo.

1 本文の内容に基づき、以下の問に中国語で答えましょう。

(1) 丹丹的女儿为什么没能来日本？

_____

(2) 丹丹后悔她当初的选择吗？

_____

(3) 丹丹打算毕业以后做什么？

_____

(4) 对于中年危机，丹丹是怎么想的？

_____

2 聴き取った中国語を書きましょう。 044

(1) _____

_____

(2) _____

_____

(3) _____

_____

(4) _____

_____

3 次の語句を使って文を作りましょう。

(1) 不是…吗

_____

(2) 動詞＋"不了"

_____

(3) 无论…都～

_____

(4) 不如

_____

4 次の問に対する答えを中国語で書き、発表しましょう（50字程度）。

問 你有过危机感吗？

_____

_____

_____

_____

_____

045

寄语

采访对象：小王，80后，2010年毕业于早稻田大学亚太研究科，现在
是一家"进学塾"的CEO。

采访时间：2022年3月2日

采访地点：东京高田马场车站附近的一家湖南餐厅

046 ——你是河北大学日语系的交换留学生？

是的，交换留学本来是面向大三学生的，我大四那年，很意外，他们5个<u>名额</u>没报满。我是学生干部，学校就让我来<u>补缺</u>。正好我女朋友在这儿，她是大三来的，我<u>为了</u>①跟她<u>汇合</u>就来了。可是，就跟大多数恋爱故事一样，到一起之后反而分手了。

047 ——然后就直接考了早稻田大学的硕士？

是的，那时候经常跟一个在早大留学的前辈去听讲座、<u>研讨会</u>什么的，认识了我的<u>导师</u>。对他的研究方向很感兴趣，就<u>报考</u>了他的硕士。我特别喜欢我们研究组的课堂<u>氛围</u>，很自由也很活跃，让我学到很多东西，视野也变得<u>开阔</u>了很多。

048 ——读硕士是自费吧？打工打得多吗？

很多，有时候连着好几天从早上7点打到夜里11点，就这样生活都很<u>拮据</u>。有个交换留学时认识的大叔，他是退休以后到那个大学去<u>读研</u>的，我们也算同学。他经常<u>不露声色地</u>②帮我，比如让我去给他家院子拔草，<u>才</u>③一个多小时就给我1万日元。我说这也太多了，我在便利店打工一个小时才850日元啊。他执意要给，说你干活干得快。就是帮我还要照顾我的自尊心，特别感动。后来可能是看我整天打工，累得

都快脱发了，就主动提出要借给我50万日元。而且一年以后我去还他的时候，他就只收了30万，说以后希望你也能对身边需要帮助的人伸出援手。当然，现在我也能慷慨解囊了，得把这份善意一直传递下去。

——你硕士毕业以后就找到工作了？

是的，正打算找工作的时候，当时早大的学姐在帮一家地方的语言学校做招生，问我能不能帮忙联系一下河北那边的机构，而且机票住宿他们学校都负责。我觉得挺好，答应跑一趟。就在那时候，发生了311大地震。当时我在电车里，亲眼目睹了周围的人如何④自发地维持秩序、互相帮助，感到特别震撼。后来，也是缘分吧，我就在这家语言学校就职了。

词汇

□ 名额 míng'é：定員
□ 补缺 bǔquē：欠員を補充する
□ 汇合 huìhé：合流する
□ 研讨会 yántǎohuì：研究会、シンポジウム
□ 导师 dǎoshī：指導教員
□ 报考 bàokǎo：出願する
□ 氛围 fēnwéi：雰囲気
□ 开阔 kāikuò：広める
□ 拮据 jiéjū：金がない
□ 读研 dú yán：大学院に進学する
□ 不露声色 bú lù shēngsè：口にも出さず顔色にも見せない
□ 执意 zhíyì：頑として、かたくなに
□ 都…了 dōu…le：もう…だ
□ 慷慨解囊 kāngkǎi jiěnáng：気前よく金を出す
□ 招生 zhāoshēng：新入生を募集する
□ 目睹 mùdǔ：目の当たりにする
□ 震撼 zhènhàn：震撼する、揺さぶる

Cǎifǎng duìxiàng: Xiǎo Wáng, bā líng hòu, èr líng yī líng nián bìyè yú Zǎodàotián dàxué yàtài yánjiūkē, xiànzài shì yì jiā "jìnxuéshú" de CEO.
Cǎifǎng shíjiān: èr líng èr èr nián sān yuè èr rì
Cǎifǎng dìdiǎn: Dōngjīng Gāotián mǎchǎng chēzhàn fùjìn de yì jiā Húnán cāntīng

—— Nǐ shì Héběi dàxué Rìyǔxì de jiāohuàn liúxuéshēng?

　　Shì de, jiāohuàn liúxué běnlái shì miànxiàng dà sān xuésheng de, wǒ dà sì nà nián, hěn yìwài, tāmen wǔ ge míng'é méi bàomǎn. Wǒ shì xuéshēng gànbù, xuéxiào jiù ràng wǒ lái bǔquē. Zhènghǎo wǒ nǚpéngyǒu zài zhèr, tā shì dà sān lái de, wǒ wèile gēn tā huìhé jiù lái le. Kěshì, jiù gēn dàduōshù liàn'ài gùshi yíyàng, dào yìqǐ zhīhòu fǎn'ér fēnshǒu le.

—— Ránhòu jiù zhíjiē kǎole Zǎodàotián dàxué de shuòshì?

　　Shì de, nà shíhou jīngcháng gēn yí ge zài Zǎodà liúxué de qiánbèi qù tīng jiǎngzuò, yántǎohuì shénmede, rènshile wǒ de dǎoshī. Duì tā de yánjiū fāngxiàng hěn gǎn xìngqù, jiù bàokǎole tā de shuòshì. Wǒ tèbié xǐhuan wǒmen yánjiūzǔ de kètáng fēnwéi, hěn zìyóu yě hěn huóyuè, ràng wǒ xuédào hěn duō dōngxi, shìyě yě biànde kāikuòle hěn duō.

—— Dú shuòshì shì zìfèi ba? Dǎgōng dǎde duō ma?

　　Hěn duō, yǒu shíhou liánzhe hǎojǐ tiān cóng zǎoshang qī diǎn dǎdào yèli shíyī diǎn, jiù zhèyàng shēnghuó dōu hěn jiéjū. Yǒu ge jiāohuàn liúxué shí rènshi de dàshū, tā shì tuìxiū yǐhòu dào nàge dàxué qù dú yán de, wǒmen yě suàn tóngxué. Tā jīngcháng bú lù shēngsè de bāng wǒ, bǐrú ràng wǒ qù gěi tā jiā yuànzi bá cǎo, cái yí ge duō xiǎoshí jiù gěi wǒ yí wàn rìyuán. Wǒ shuō zhè yě tài duō le, wǒ zài biànlìdiàn dǎgōng yí ge xiǎoshí cái bābǎi wǔshí rìyuán a. Tā zhíyì yào gěi, shuō nǐ gànhuó gànde kuài. Jiùshì bāng wǒ hái yào zhàogù wǒ de zìzūnxīn, tèbié gǎndòng. Hòulái kěnéng shì kàn wǒ zhěng tiān dǎgōng, lèide dōu kuài tuōfà le, jiù zhǔdòng tíchū yào jiè gěi wǒ wǔshí wàn rìyuán. érqiě yì nián yǐhòu wǒ qù huán tā de shíhou, tā jiù zhǐ shōule sānshí wàn, shuō yǐhòu xīwàng nǐ yě néng duì shēnbiān xūyào bāngzhù de rén shēnchū yuánshǒu. Dāngrán, xiànzài wǒ yě néng kāngkǎi jiěnáng le, děi bǎ zhè fèn shànyì yìzhí chuándìxiàqu.

—— Nǐ shuòshì bìyè yǐhòu jiù zhǎodào gōngzuò le?

　　Shì de, zhèng dǎsuàn zhǎo gōngzuò de shíhou, dāngshí Zǎodà de xuéjiě zài bāng yì jiā dìfāng de yǔyán xuéxiào zuò zhāoshēng, wèn wǒ néng bu néng bāngmáng liánxì yíxià Héběi nà bian de jīgòu, érqiě jīpiào zhùsù tāmen xuéxiào dōu fùzé. Wǒ juéde tǐng hǎo, dāyìng pǎo yí tàng. Jiù zài nà shíhou, fāshēngle Sānyāoyāo dàdìzhèn. Dāngshí wǒ zài diànchēli, qīnyǎn mùdǔle zhōuwéi de rén rúhé zìfā de wéichí zhìxù, hùxiāng bāngzhù, gǎndào tèbié zhènhàn. Hòulái, yě shì yuánfèn ba, wǒ jiù zài zhè jiā yǔyán xuéxiào jiùzhí le.

语 言 点

051

1　介詞 "为了"

「…のために」。ほかに "为" wèi も同じ意味を表す。

例句▶ 为了不给家里增加负担，小王一来日本就开始打工。
Wèile bù gěi jiāli zēngjiā fùdān, Xiǎo Wáng yì lái Rìběn jiù kāishǐ dǎgōng.

做什么事情都不能光顾自己，也要为他人着想。
Zuò shénme shìqing dōu bù néng guāng gù zìjǐ, yě yào wèi tārén zhuóxiǎng.

052

2　助詞 "地"

様々な語句の後に置かれ、連用修飾語を作る。ここでは "不露声色" という四字成語などの後に置かれている。

例句▶ 她很认真地观赏着墙上的一幅画。
Tā hěn rènzhēn de guānshǎngzhe qiángshang de yì fú huà.

你没听见吗? 他自言自语地说了好几遍。
Nǐ méi tīngjiàn ma? Tā zìyán zìyǔ de shuōle hǎojǐ biàn.

053

3　副詞 "才"

"才" は多義語であるが、ここでは「"才" + 数量・時間表現」の形で、「たった、わずかに」を表す。

例句▶ 才一刻钟他就等得不耐烦了。
Cái yíkèzhōng tā jiù děngde bú nàifán le.

他的孩子才 10 岁就开始自己做饭了。
Tā de háizi cái shí suì jiù kāishǐ zìjǐ zuòfàn le.

054

4　疑問代詞 "如何"

書面語 (正式な文体) の表現で、ここでは「どのように」を表す。口語では "怎么"。

例句▶ 她不知道该如何面对这突如其来的变化。
Tā bù zhīdào gāi rúhé miànduì zhè tūrú qílái de biànhuà.

好好想想如何更有效地安排时间。
Hǎohǎo xiǎngxiang rúhé gèng yǒuxiào de ānpái shíjiān.

第 **5** 课　一个帮留学生圆梦的 "进学塾" 创始人 (上)

综合练习

1 本文の内容に基づき、以下の問に中国語で答えましょう。

(1) 小王是通过什么途径来日本留学的？

_____

(2) 小王报考早稻田大学硕士研究生的契机是什么？

_____

(3) 小王读硕士的时候，他的主要经济来源是靠什么？

_____

(4) 小王遇到的一件让他特别感动的事是什么？

_____

🎧
055 **2** 聴き取った中国語を書きましょう。

(1) _____

_____

(2) _____

_____

(3) _____

_____

(4) _____

_____

3 次の語句を使って文を作りましょう。

(1) 为了

_____

(2) 才 （たった、わずかに）

_____

(3) 都…了

_____

(4) 如何

_____

4 次の問に対する答えを中国語で書き、発表しましょう（50字程度）。

問 请谈谈你的打工经历。

_____

_____

_____

_____

_____

_____

第**6**课 一个帮留学生圆梦的 "进学塾" 创始人（下）

🎧 ——地震后的那段时间不好招生吧？
056

　　没错，大家都担心核辐射。接着又是钓鱼岛问题导致的两国关系恶化，刚开始挺难的。后来就慢慢好转，我认识的那些国内日语系的老师们体谅我的辛苦，也感受到了我的诚意，就把学生交给我了。当然我也不能让他们失望，我要把我带来的孩子们送去好学校。

🎧 ——怎么开始创业的呢？
057

　　这个更是机缘巧合。本来我觉得自己根本不适合做生意。是跟几个小伙伴一起吃饭的时候，说起我负责的学生考学合格率特别高。其中一个就鼓动我创业，还说帮我一起干。我被说动心了，就辞了工作，开始租办公室、注册公司啥的。

🎧 ——2017年成立的公司，一下子就发展到现在这个规模，可真不简单。
058

　　只能①说还行吧，有比我们规模大得多的，或者成长比我们快的。一个是我本身能力有限，另外我有我的原则，不是说只要②赚钱干什么都③行。投机取巧、弄虚作假的事情绝对不做。

🎧 ——君子爱财，取之有道。
059

　　前不久跟一家大公司谈成了一个合作项目，当时我口气特别硬，就这个条件，行就行④不行拉倒，结果谈成了。其实有不少比我们大的、更有实力的公司也在跟他们谈，我问那个负责人为什么选择和我们合作？他说你是第一个不谈分成先跟我谈教育理念的人。

🎧 ——有意思，这是一种境界。那疫情期间很多留学生都来不了，你们的
060

36

损失也不小吧？

　　这个行业都有损失的，这是大环境，没有办法。主要是一批疫情之前来的学生，今年大部分都考上大学或者研究生了。我们这个还过得去，那些做游学的、旅游的、还有做民宿的，本来想趁着奥运会大干一场，结果呢，很多都破产了。所以造化弄人，谁也③不知道明天和意外哪个先来。

061

词汇

- □ 核辐射 héfúshè：核輻射、核放射
- □ 接着 jiēzhe：続いて
- □ 钓鱼岛 Diàoyúdǎo：魚釣島（尖閣諸島最大の島）
- □ 体谅 tǐliàng：同情する
- □ 创业 chuàngyè：事業を始める
- □ 机缘 jīyuán：縁、めぐり合わせ
- □ 小伙伴 xiǎohuǒbàn：仲良し、仲間たち
- □ 考学 kǎoxué：受験する
- □ 注册 zhùcè：登記する
- □ 啥 shá：（方言）なに≒什么
- □ 投机取巧 tóujī qǔqiǎo：機に乗じて巧妙な手段で私利を得る
- □ 弄虚作假 nòng xū zuò jiǎ：いんちきをして人をだます
- □ 君子爱财，取之有道 jūnzǐ ài cái, qǔ zhī yǒu dào
  君子は財を欲するも、その取得には徳行というものがある
  不道徳な手段で金儲けをしてはならない
- □ 合作 hézuò：協力、提携
- □ 口气 kǒuqì：口ぶり、口調
- □ 拉倒 lādǎo：やめる
- □ 分成 fēnchéng：分ける、分配する
- □ 行业 hángyè：業種
- □ 大环境 dàhuánjìng：社会環境
- □ 过得去 guòdeqù：どうにかやっていける
- □ 大干一场 dà gàn yì cháng：一度奮起して働く
- □ 造化弄人 zàohua nòng rén：運命がひとをもてあそぶ

第6課

一个帮留学生圆梦的"进学塾"创始人（下）

37

——— Dìzhèn hòu de nà duàn shíjiān bù hǎo zhāoshēng ba?

Méi cuò, dàjiā dōu dānxīn héfúshè. Jiēzhe yòu shì Diàoyúdǎo wèntí dǎozhì de liǎng guó guānxi èhuà, gāng kāishǐ tǐng nán de. Hòulái jiù mànmàn hǎozhuǎn, wǒ rènshi de nàxiē guónèi Rìyǔxì de lǎoshīmen tǐliàng wǒ de xīnkǔ, yě gǎnshòudàole wǒ de chéngyì, jiù bǎ xuésheng jiāogěi wǒ le. Dāngrán wǒ yě bù néng ràng tāmen shīwàng, wǒ yào bǎ wǒ dàilai de háizimen sòngqu hǎo xuéxiào.

——— Zěnme kāishǐ chuàngyè de ne?

Zhège gèng shì jīyuán qiǎohé. Běnlái wǒ juéde zìjǐ gēnběn bú shìhé zuò shēngyi. Shì gēn jǐ ge xiǎohuǒbàn yìqǐ chīfàn de shíhou, shuōqǐ wǒ fùzé de xuésheng kǎoxué hégélǜ tèbié gāo. Qízhōng yí ge jiù gǔdòng wǒ chuàngyè, hái shuō bāng wǒ yìqǐ gàn. Wǒ bèi shuō dòngxīn le, jiù cíle gōngzuò, kāishǐ zū bàngōngshì, zhùcè gōngsī sháde.

——— Èr líng yī qī nián chénglì de gōngsī, yíxiàzi jiù fāzhǎndào xiànzài zhège guīmó, kě zhēn bù jiǎndān.

Zhǐ néng shuō hái xíng ba, yǒu bǐ wǒmen guīmó dà de duō de, huòzhě chéngzhǎng bǐ wǒmen kuài de. Yí ge shì wǒ běnshēn nénglì yǒuxiàn, lìngwài wǒ yǒu wǒ de yuánzé, bú shì shuō zhǐyào zhuànqián gàn shénme dōu xíng. Tóujī qǔqiǎo, nòng xū zuò jiǎ de shìqing juéduì bú zuò.

——— Jūnzǐ ài cái, qǔ zhī yǒu dào.

Qiánbùjiǔ gēn yì jiā dà gōngsī tánchéngle yí ge hézuò xiàngmù, dāngshí wǒ kǒuqì tèbié yìng, jiù zhège tiáojiàn, xíng jiù xíng bùxíng lādǎo, jiéguǒ tánchéng le. Qíshí yǒu bù shǎo bǐ wǒmen dà de, gèng yǒu shílì de gōngsī yě zài gēn tāmen tán, wǒ wèn nàge fùzérén wèishénme xuǎnzé hé wǒmen hézuò? Tā shuō nǐ shì dì yī ge bù tán fēnchéng xiān gēn wǒ tán nǐ de jiàoyù lǐniàn de rén.

——— Yǒu yìsi, zhè shì yì zhǒng jìngjiè. Nà yìqíng qījiān hěn duō liúxuéshēng dōu láibuliǎo, nǐmen de sǔnshī yě bù xiǎo ba?

Zhège hángyè dōu yǒu sǔnshī de, zhè shì dàhuánjìng, méiyou bànfǎ. Zhǔyào shì yì pī yìqíng zhīqián lái de xuésheng, jīnnián dàbùfen dōu kǎoshang dàxué huòzhě yánjiūshēng le. Wǒmen zhège hái guòdeqù, nàxiē zuò yóuxué de, lǚyóu de, hái yǒu zuò mínsù de, běnlái xiǎng chènzhe Àoyùnhuì dà gàn yì cháng, jiéguǒ ne, hěn duō dōu pòchǎn le. Suǒyǐ zàohua nòng rén, shéi yě bù zhīdào míngtiān hé yìwài nǎge xiān lái.

1　只能…

「…しかできない」「…するほかない」。類義語に副詞"只好"、"只得"などがある。

例句 错过末班车了，我们只能走回去。
Cuòguò mòbānchē le, wǒmen zhǐ néng zǒuhuíqu.

欧阳说那时候他只能通过考学改变自己的命运。
Ōuyáng shuō nà shíhou tā zhǐ néng tōngguò kǎoxué gǎibiàn zìjǐ de mìngyùn.

2　接続詞 "只要"

「…さえすれば」の意。よく"只要…就〜"（…さえすれば〜だ）という形で用いられる。

例句 只要你们肯合作，我一定把这个项目申请下来。
Zhǐyào nǐmen kěn hézuò, wǒ yídìng bǎ zhège xiàngmù shēnqǐngxiàlai.

只要掌握了足够的词汇量，就能进行日常会话。
Zhǐyào zhǎngwòle zúgòu de cíhuìliàng, jiù néng jìnxíng rìcháng huìhuà.

3　疑問詞＋"都/也"…

「疑問詞＋"都/也"…」で「例外なく…だ」を表す。本文の"什么都"は「何も（どんなものも）…」、"谁也…"は「誰でも…」の意味。

例句 什么都逃不过街坊邻居的眼睛。
Shénme dōu táobuguò jiēfang línjū de yǎnjing.

谁也说不清楚到底是一种怎样的力量在支撑着她。
Shéi yě shuōbuqīngchu dàodǐ shì yì zhǒng zěnyàng de lìliang zài zhīchēngzhe tā.

4　A 就 A

「A＋"就"＋A」で「AするならAせよ」「AならAまでのことだ」の意味。"行就行不行拉倒"は「よいならよい、だめならやめる」の意味。

例句 错就错了，着急也没用。
Cuò jiù cuò le, zháojí yě méiyòng.

唱就唱，反正我也不怕你笑话。
Chàng jiù chàng, fǎnzhèng wǒ yě bú pà nǐ xiàohua.

综合练习

1 本文の内容に基づき、以下の問に中国語で答えましょう。

(1) 地震后的那段时间，语言学校的招生受到什么影响？

_____

(2) 小王是怎么想到创业的？

_____

(3) 小王经营公司的原则是什么？

_____

(4) 疫情对小王的公司造成怎样的影响？

_____

2 聴き取った中国語を書きましょう。
066

(1) _____

_____

(2) _____

_____

(3) _____

_____

(4) _____

_____

3 次の語句を使って文を作りましょう。

(1) 只能…

_____

(2) 只要…就～

_____

(3) 疑問詞＋"都 / 也"…

_____

(4) A 就 A

_____

4 次の問に対する答えを中国語で書き、発表しましょう（50字程度）。

問 请谈谈你在疫情期间的经历和感受。

_____

_____

_____

_____

_____

067

采访对象：巴图，80后，北京人，满族，个体户。　　　　　　 寄语

采访时间：2022 年 3 月 14 日

采访方式：微信视频

068

——来日本之前你是做什么工作的？

　　我自己做买卖，什么都干。保险啊、旅游啊①，主要就是做销售。帮公司<u>跑单</u>的那种，那不是<u>来钱快</u>嘛？够了，想换个地方的时候，2012年去了香港。也在澳门、深圳那边<u>跑业务</u>，主要做保险。

069

——怎么就想到要来日本定居呢？

　　因为我的工作<u>应酬</u>很多，大量饮酒，睡眠也不正常，19年的时候，<u>高血压</u>、高血脂严重了。北京的医生说我随时有生命危险，必须<u>得</u>②吃<u>一辈子</u>药。那时候我还不到40岁，有点儿接受不了啊，就想听听日本医生的意见。过来看了两家大医院，结论是一样的，就是不用吃高血压的药，让我吃降血脂的药，先把血脂降下来。然后必须戒酒、减盐、锻炼身体。只要把体重减下来，血压就正常了。这不，在我媳妇儿的监督下，半年就好了。这件事对我的改变挺大的。还有，我媳妇儿现在怀孕了，属于高龄产妇，我们去医院，医生护士都<u>待人</u>特别好。他们不管你是哪国人，会不会日语，都③一视同仁。<u>做事</u>特别认真，不会看你有钱还是没钱。

070

——签证很容易就办下来了吗？

　　我有导游资格证书，以前做保险的时候就带客户来过日本，这次是通过一个朋友的旅游公司办的工作签证。以前也想过移居美国，2012

年先跟旅游团去了一趟，感觉不太适应。那边地儿太大了，都看不到人，而且早上吃的都是冷餐，喝冷牛奶。

🎧 071 ——你们刚来的时候就去了大阪吗？

不是，先去的东京，住了不到三个月。我媳妇儿觉得东京跟现在的北京差不多，乱乱哄哄，人和人之间还都挺疏远的。这不就来大阪了，大阪挺像以前的老北京，旁边儿还有京都呀、奈良呀。我感觉关西这边儿比较安静，挺适合生活的，因为我来日本就是为了生活。在国内总是有各种担心，食品安全啊、假货啊什么的。日本的服务好，有契约精神。他们公事公办，没有那么复杂的人际关系，跟他们打交道不用带脑子。而且不会日语，也④没多大障碍。

🎧 072 **词汇**

- □ 跑单、跑业务 pǎodān、pǎo yèwù：業務を行う
- □ 来钱 láiqián：金をもうける
- □ 应酬 yìngchou：接待やつきあいの宴席
- □ 高血脂 gāoxuèzhī：高脂血
- □ 一辈子 yíbèizi：仲良し、仲間たち
- □ 待人 dàirén：人に接する
- □ 一视同仁 yíshì tóngrén：すべてのものを平等に見る
- □ 做事 zuòshì：仕事をする
- □ 乱乱哄哄 luànluànhōnghōng：がやがやと騒がしい
- □ 疏远 shūyuǎn：疎遠である
- □ 公事公办 gōngshì gōngbàn：私情にとらわれず処理する、公正に処理する
- □ 打交道 dǎ jiāodao：つきあう
- □ 带 dài：動かす
- □ 障碍 zhàng'ài：障害

Cǎifǎng duìxiàng: Bātú, bā líng hòu, Běijīngrén, mǎnzú, gètǐhù.

Cǎifǎng shíjiān: èr líng èr èr nián sān yuè shísì rì

Cǎifǎng fāngshì: Wēixìn shìpín

—— Lái Rìběn zhīqián nǐ shì zuò shénme gōngzuò de?

Wǒ zìjǐ zuò mǎimai, shénme dōu gàn. Bǎoxiǎn a, lǚyóu a, zhǔyào jiùshì zuò xiāoshòu. Bāng gōngsī pǎodān de nà zhǒng, nà bú shì láiqián kuài ma? Gòu le, xiǎng huàn ge dìfang de shíhou, èr líng yī èr nián qùle Xiānggǎng. Yě zài Àomén、Shēnzhèn nàbian pǎo yèwù, zhǔyào zuò bǎoxiǎn.

—— Zěnme jiù xiǎngdào yào lái Rìběn dìngjū ne?

Yīnwèi wǒ de gōngzuò yìngchou hěn duō, dàliàng yǐn jiǔ, shuìmián yě bú zhèngcháng, yī jiǔ nián de shíhou, gāoxuèyā, gāoxuèzhī yánzhòng le. Běijīng de yīshēng shuō wǒ suíshí yǒu shēngmìng wēixiǎn, bìxū de chī yíbèizi yào. Nà shíhou wǒ hái bú dào sìshí suì, yǒudiǎnr jiēshòubuliǎo a, jiù xiǎng tīngting Rìběn yīshēng de yìjiàn. Guòlái kànle liǎng jiā dà yīyuàn, jiélùn shì yíyàng de, jiùshì búyòng chī gāoxuèyā de yào, ràng wǒ chī jiàng xuèzhī de yào, xiān bǎ xuèzhī jiàngxiàlai. Ránhòu bìxū jiè jiǔ, jiǎn yán, duànliàn shēntǐ. Zhǐyào bǎ tǐzhòng jiǎnxiàlai, xuèyā jiù zhèngcháng le. Zhè bù, zài wǒ xífur de jiāndū xià, bànnián jiù hǎo le. Zhè jiàn shì duì wǒ de gǎibiàn tǐng dà de. Hái yǒu, wǒ xífur xiànzài huáiyùn le, shǔyú gāolíng chǎnfù, wǒmen qù yīyuàn, yīshēng hùshi dōu dàirén tèbié hǎo. Tāmen bùguǎn nǐ shì nǎ guó rén, huì bu huì Rìyǔ, dōu yíshì tóngrén. Zuòshì tèbié rènzhēn, bú huì kàn nǐ yǒu qián háishi méi qián.

—— Qiānzhèng hěn róngyì jiù bànxiàlai le ma?

Wǒ yǒu dǎoyóu zīgé zhèngshū, yǐqián zuò bǎoxiǎn de shíhou jiù dài kèhù láiguo Rìběn, zhè cì shì tōngguò yí ge péngyou de lǚyóu gōngsī bàn de gōngzuò qiānzhèng. Yǐqián yě xiǎngguo yíjū Měiguó, èr líng yī èr nián xiān gēn lǚyóu tuán qùle yí tàng, gǎnjué bú tài shìyìng. Nàbian dìr tài dà le, dōu kànbudào rén, érqiě zǎoshang chī de dōu shì lěng cān、hē lěng niúnǎi.

—— Nǐmen gāng lái de shíhou jiù qùle Dàbǎn ma?

Bú shì, xiān qù de Dōngjīng, zhùle bú dào sān ge yuè. Wǒ xífu juéde Dōngjīng gēn xiànzài de Běijīng chàbuduō, luànluànhōnghōng, rén hé rén zhījiān hái dōu tǐng shūyuǎn de. Zhè bú jiù lái Dàbǎn le, Dàbǎn tǐng xiàng yǐqián de lǎo Běijīng, pángbiānr hái yǒu Jīngdū ya、Nàiliáng ya. Wǒ gǎnjué Guānxī zhèbianr bǐjiào ānjìng, tǐng shìhé shēnghuó de, yīnwèi wǒ lái Rìběn jiùshì wèile shēnghuó. Zài guónèi zǒngshì yǒu gè zhǒng dānxīn, shípǐn ānquán a、jiǎhuò a shénmede. Rìběn de fúwù hǎo, yǒu qìyuē jīngshén. Tāmen gōngshì gōngbàn, méiyou nàme fùzá de rénjì guānxi, gēn tāmen dǎ jiāodào búyòng dài nǎozi. Érqiě bú huì Rìyǔ, yě méi duō dà zhàng'ài.

语言点

1　…啊、…啊
073

「…とか、…とか」。"啊"はここでは列挙を示す。最終段落の"京都<u>呀</u>、奈良<u>呀</u>"（京都とか奈良とか）の"呀"も同じ意味。

例句 高先生是研究中国古典文学的，什么唐诗啊、宋词啊，张口就来。
Gāo xiānsheng shì yánjiū Zhōngguó gǔdiǎn wénxué de, shénme tángshī a, sòngcí a, zhāngkǒu jiù lái.

小陈喜欢小动物，一看见猫呀狗呀就走不动。
Xiǎo Chén xǐhuan xiǎo dòngwù, yí kànjiàn māo ya gǒu a jiù zǒubudòng.

2　助動詞 "得"
074

「…しなければならない」。děi と発音。否定は"不用"（…する必要がない）（→本文最終段落）を用い、"不得"は反語文のみに用いる。

例句 这周六我得参加社团活动，不能去听演唱会。
Zhè zhōuliù wǒ děi cānjiā shètuán huódòng, bù néng qù tīng yǎnchànghuì.

这个活动没有人数限制，不用提前报名。
Zhège huódòng méiyou rénshù xiànzhì, búyòng tíqián bàomíng.

3　不管…都～
075

「たとえ（どんな）…であっても～だ」。"无论…都～"と同義（→第4課 语言点 3）。口語でよく用いられる。"都"以外に"也"、"还是"などが用いられる場合がある。

例句 不管多难，都动摇不了他参加比赛的决心。
Bùguǎn duō nán, dōu dòngyáobuliǎo tā cānjiā bǐsài de juéxīn.

不管你有多大的权力也不能违反规定。
Bùguǎn nǐ yǒu duō dà de quánlì yě bù néng wéifǎn guīdìng.

4　…也～
076

ここでは「たとえ…であっても～」を表す。よく"即使…也～"の形で用いられる（→第10課 语言点 1）。

例句 有钱也不能坐吃山空。
Yǒu qián yě bù néng zuòchī shānkōng.

留学回来也不一定能找到理想的工作。
Liúxué huílai yě bù yídìng néng zhǎodào lǐxiǎng de gōngzuò.

综合练习

1 本文の内容に基づき、以下の問に中国語で答えましょう。

(1) 巴图来日本之前主要做什么工作？

_____

(2) 巴图决定来日本定居的理由是什么？

_____

(3) 巴图拿的是什么签证？

_____

(4) 巴图喜欢日本的生活吗？

_____

🎧 077 **2** 聴き取った中国語を書きましょう。

(1) _____

_____

(2) _____

_____

(3) _____

_____

(4) _____

_____

3 次の語句を使って文を作りましょう。

(1) 得（…しなければならない）

_____

(2) 不用

_____

(3) 不管…都～

_____

(4) …也～（たとえ…であっても～）

_____

4 次の問に対する答えを中国語で書き、発表しましょう（50字程度）。

問 你选择居住地的标准是什么?

_____

_____

_____

_____

_____

巴图：在大阪过日子（下）

○ 078 ——你是<u>官二代</u>或者<u>富二代</u>吗？

不是，我父母都是普通<u>工人</u>。我刚大学毕业的时候，也给别人<u>打过杂儿</u>。04年那会儿，很穷的，有时候跟我媳妇儿到胡同口餐厅点一盘儿菜，8、9块钱。然后在街摊儿上买俩馒头。餐厅老板都看着我们可怜，每次去都送我一份辣椒油。最穷的时候，身上只有5块钱，买碗泡面，<u>车费</u>就没了。

○ 079 ——慢慢就<u>闯</u>出来了？

不是闯出来的，<u>逼</u>出来的。上大学的时候脸皮比较<u>薄</u>、<u>好面子</u>，也有虚荣心。走入社会以后发现那些都没用，就不要脸了。哈哈。没办法，父母也帮不上忙。做销售 这个 ① 工作，市场是很残酷的，得靠<u>嘴皮子</u>功夫， 要不 ② 干不了这个活儿。

○ 080 ——还在继续做吗？

疫情期间就歇着了，吃老本儿。在大阪买了两套房子，一套自己住，一套租出去吃房租。刚开始还摸不准情况的时候，先用现金买了一个<u>小户型</u>。后来 听同事说 ③ 在日本工作5年以上就可以申请三井、三菱这种大银行的<u>房贷</u>，利息只有0.525%（中国是5%）。所以就贷款买了一套三室一厅的。

○ 081 ——那你们小两口到国外生活，父母或者岳父母没反对吗？

我这个年代的人吧，包括周围同学的<u>原生家庭</u>，大部分都是父亲脾气<u>暴躁</u>，母亲唯唯诺诺。所以，我们还是希望能过上自己的，跟他们不一样的生活，也给孩子创造一个比较满意的生存环境。双方父母都不干涉

我们，像我这种情况的人，北京挺多的，很多移民美国呀、加拿大的，来日本的是比较穷的。

082 ——你交到日本朋友了吗？

就广岛一个50多岁的大姐，也是在 Hello Talk 上认识的。虽然没见过面，但特别<u>聊得来</u>，像老朋友一样了。跟周围的日本人很少有交流，也受疫情影响，媳妇儿怀孕，怕感染。在语言学校认识两对中国朋友，他们也是来生活的，一个<u>哥们儿</u>把北京的房子都卖了，<u>死心塌地</u>来这儿过日子了。我觉得日本有很多值得我们学习的地方，国内有些人喜欢骂日本，那是因为日本比我们强，人一般不会骂不如自己的人，对吧？用我媳妇儿的话说就是，咱们应该学习日本人用道德行为标准来^④约束自己，而不是约束别人。

083 **词汇**

- □ 官二代 guān'èrdài：政府高官や役人、地方幹部などの子女
- □ 富二代 fù'èrdài：富裕層の子女
- □ 工人 gōngrén：労働者
- □ 打杂儿 dǎzár：雑用をする、雑役をする
- □ 辣椒油 làjiāoyóu：ラー油
- □ 车费 chēfèi：交通費
- □ 闯 chuǎng：道を切り開く
- □ 逼 bī：追い詰める、無理強いする
- □ 脸皮薄 liǎnpí báo：恥ずかしがり屋
- □ 好面子 hào miànzi：メンツを重んじる、メンツを気にかける
- □ 嘴皮子 zuǐpízi：口先、減らず口
- □ 老本儿 lǎoběnr：元手、元々ある貯金
- □ 吃房租 chī fángzū：家賃収入で暮らしを立てる

- □ 摸 mō：(事情などを) 探る
- □ 小户型 xiǎohùxíng：1LDK相当の小さなマンション
- □ 房贷 fángdài：住宅ローン
- □ 原生家庭 yuánshēng jiātíng：生まれ育った家庭
- □ 脾气 píqi：気性、気立て
- □ 暴躁 bàozào：怒りっぽい
- □ 唯唯诺诺 wéiwéinuònuò：他人の言いなりになる
- □ 聊得来 liáodelái：話が合う
- □ 哥们儿 gēmenr：兄弟分、仲間
- □ 死心塌地 sǐxīn tādì：決心したら絶対に諦めない、腰を据えてかかる

—— Nǐ shì guān'èrdài huòzhě fù'èrdài ma?

Bú shì, wǒ fùmǔ dōu shì pǔtōng gōngrén. Wǒ gāng dàxué bìyè de shíhou, yě gěi biérén dǎguo zár. Líng sì nián nàhuìr, hěn qióng de, yǒu shíhou gēn wǒ xífur dào hútòng kǒu cāntīng diǎn yì pánr cài, bā、jiǔ kuài qián. Ránhòu zài jiētānrshang mǎi liǎ mántou. Cāntīng lǎobǎn dōu kànzhe wǒmen kělián, měi cì qù dōu sòng wǒ yí fèn làjiāoyóu. Zuì qióng de shíhou, shēnshang zhǐyǒu wǔ kuài qián, mǎi wǎn pàomiàn, chēfèi jiù méi le.

—— Mànmàn jiù chuǎngchūlai le?

Bú shì chuǎngchūlai de, bīchūlai de. Shàng dàxué de shíhou liǎnpí bǐjiào báo、hào miànzi, yě yǒu xūróngxīn. Zǒurù shèhuì yǐhòu fāxiàn nàxiē dōu méi yòng, jiù bú yàoliǎn le. Hā hā. Méi bànfǎ, fùmǔ yě bāngbushàng máng. Zuò xiāoshòu zhège gōngzuò, shìchǎng shì hěn cánkù de, děi kào zuǐpízi gōngfu, yàobù gànbuliǎo zhège huór.

—— Hái zài jìxù zuò ma?

Yìqíng qījiān jiù xiēzhe le, chī lǎoběnr. Zài Dàbǎn mǎile liǎng tào fángzi, yí tào zìjǐ zhù, yí tào zūchūqu chī fángzū. Gāng kāishǐ hái mōbuzhǔn qíngkuàng de shíhou, xiān yòng xiànjīn mǎile yí ge xiǎohùxíng. Hòulái tīng tóngshì shuō zài Rìběn gōngzuò wǔ nián yǐshàng jiù kěyǐ shēnqǐng Sānjǐng、Sānlíng zhè zhǒng dà yínháng de fángdài, lìxī zhǐyǒu bǎi fēn zhī líng diǎn wǔ èr wǔ (Zhōngguó shì bǎi fēn zhī wǔ). Suǒyǐ jiù dàikuǎn mǎile yí tào sān shì yì tīng de.

—— Nà nǐmen xiǎo liǎngkǒu dào guówài shēnghuó, fùmǔ huòzhě yuè fùmǔ méi fǎnduì ma?

Wǒ zhège niándài de rén ba, bāokuò zhōuwéi tóngxué de yuánshēng jiātíng, dàbùfen dōu shì fùqīn píqi bàozào, mǔqīn wéiwéinuònuò. Suǒyǐ, wǒmen háishi xīwàng néng guòshang zìjǐ de, gēn tāmen bù yíyàng de shēnghuó, yě gěi háizi chuàngzào yí ge bǐjiào mǎnyì de shēngcún huánjìng. Shuāngfāng fùmǔ dōu bù gānshè wǒmen, xiàng wǒ zhè zhǒng qíngkuàng de rén, Běijīng tǐng duō de, hěn duō yímín Měiguó ya、Jiānádà de, lái Rìběn de shì bǐjiào qióng de.

—— Nǐ jiāodào Rìběn péngyou le ma?

Jiù Guǎngdǎo yí ge wǔshí duō suì de dàjiě, yě shì zài Hello Talkshang rènshi de. Suīrán méi jiànguo miàn, dàn tèbié liáodelái, xiàng lǎo péngyou yíyàng le. Gēn zhōuwéi de Rìběnrén hěn shǎo yǒu jiāoliú, yě shòu yìqíng yǐngxiǎng, xífur huáiyùn, pà gǎnrǎn. Zài yǔyán xuéxiào rènshi liǎng duì Zhōngguó péngyou, tāmen yě shì lái shēnghuó de, yí ge gēmenr bǎ Běijīng de fángzi dōu mài le, sǐxīn tādì lái zhèr guò rìzi le. Wǒ juéde Rìběn yǒu hěn duō zhíde wǒmen xuéxí de dìfang, guónèi yǒuxiē rén xǐhuan mà Rìběn, nà shì yīnwèi Rìběn bǐ wǒmen qiáng, rén yìbān bú huì mà bùrú zìjǐ de rén, duì ba? Yòng wǒ xífur de huà shuō jiùshì, zánmen yīnggāi xuéxí Rìběnrén yòng dàodé xíngwéi biāozhǔn lái yuēshù zìjǐ, ér bú shì yuēshù biérén.

语言点

084 **1** … "这个" ＋ 名詞

2段落目の"这个"は「…"这个"＋名詞」の形で「…という〜」。"做销售这个工作"は「営業（をする）という仕事」の意味。また4段落目の"这个"は「名詞・代名詞＋"这个"＋名詞」で「…のこの〜」で、"我这个年代的人"は「私のこの年代の人」の意味。

例句▶ 医生这个职业需要有爱心和奉献精神。
Yīshēng zhège zhíyè xūyào yǒu àixīn hé fèngxiàn jīngshén.

今年这个冬天特别冷，我得了两次感冒。
Jīnnián zhège dōngtiān tèbié lěng, wǒ déle liǎng cì gǎnmào.

085 **2** 接続詞 "要不"

「さもなければ」。同じ意味の接続詞に"要不然"がある。書面語（正式な文体）では"否则"fǒuzé が用いられる。

例句▶ 开会时间得调整一下，要不我没法参加。
Kāihuì shíjiān děi tiáozhěng yíxià, yàobù wǒ méifǎ cānjiā.

我们公司需要改变一下经营策略，要不然很难维持下去。
Wǒmen gōngsī xūyào gǎibiàn yíxià jīngyíng cèlüè, yàoburán hěn nán wéichíxiàqu.

086 **3** 听…说

"听说…"で「聞くところによると…だそうだ」の意味で、情報源がある場合は、「"听"＋情報源＋"说"」と表現する。"听同事说"は「同僚によると」の意味。

例句▶ 听说这本汉语小说很有趣，我也想买一本。
Tīngshuō zhè běn Hànyǔ xiǎoshuō hěn yǒuqù, wǒ yě xiǎng mǎi yì běn.

听朋友说台北夜市的小吃既美味又便宜。
Tīng péngyou shuō Táiběi yèshì de xiǎochī jì měiwèi yòu piányi.

087 **4** 手段 ＋ "来" ＋ 動作

「手段＋"来"＋動作」の形で、前の手段によって、後の動作を行うことを表す。"用道德行为标准来约束自己"で「道徳的行為基準によって自己を制約する」の意味。

例句▶ 很多演员靠运动和节食来控制体重。
Hěn duō yǎnyuán kào yùndòng hé jiéshí lái kòngzhì tǐzhòng.

佐藤同学通过看网络节目来提高自己的汉语水平。
Zuǒténg tóngxué tōngguò kàn wǎngluò jiémù lái tígāo zìjǐ de Hànyǔ shuǐpíng.

综合练习

1 本文の内容に基づき、以下の問に中国語で答えましょう。

(1) 巴图是官二代或富二代吗?

_____

(2) 巴图做销售工作的经验是什么?

_____

(3) 巴图在大阪靠什么生活?

_____

(4) 巴图的家人反对他们夫妻俩移居日本吗?

_____

088 **2** 聴き取った中国語を書きましょう。

(1) _____

_____

(2) _____

_____

(3) _____

_____

(4) _____

_____

3 次の語句を使って文を作りましょう。

(1) …"这个" + 名詞（…という～）

_____

(2) 要不

_____

(3) 听…说

_____

(4) 手段 + "来" + 動作

_____

4 次の問に対する答えを中国語で書き、発表しましょう（50字程度）。

問 你想过到国外生活吗？

_____

_____

_____

_____

_____

第 **9** 课　在两个自我之间挣扎的文学博士（上）

采访对象：小田，90后，东京某国立大学文学博士。

采访时间：2022年2月22日

采访地点：东京车站附近的一家咖啡馆

寄语

090

——恭喜你提交了博士论文，现在是不是①感觉很轻松？

感觉特别空虚。读博士的这6年里，最大的目标就是完成博论。现在这个目标实现了，一下子觉得空落落的，最近有点无所适从（笑）。

091

——燃烧之后的感觉？好像很多人都有。你觉得你在这所名牌大学得到的最大收获是什么？

收获最大的是一种学术态度、人生态度。其实国立大学也有男权主义的问题，但是从理念上讲，一直存在尊重少数的意识。另外，读博的这几年让我清醒地意识到学术界是一个比较适合强者生存的世界。前不久跟朋友聊到这个问题，就是你②觉得有些现象不对，想做一些事情去改变它，但很难，往往什么也做不成，就感觉很孤独。但是，另一方面，比如说你特别不想写论文的时候，还是会想：一定要写，不写不行。也就是说经常提醒自己你必须强大。我觉得应该更多元化一些，如果只有成为强者才③能在这个世界生存的话，那这个世界本身就是有问题的嘛。

092

——特别理解，可是机制就是这样的，外界也是这样看你的。你只要在这个圈子里就有这种无形的约束，像个紧箍咒一样。尤其是像你这样敏感的人，压力可能更大吧。

读竹内好的《鲁迅入门》，他说因为他不幸所以遇到了鲁迅，虽然和鲁迅相遇后他并没有变得幸福，但是他通过鲁迅了解了自己的不幸。

我也有同感，我是因为不幸和不满选择留学、做研究。虽然我没有因此获得一般意义上的幸福，但是至少让我更加客观地了解了自己的不幸、别人的不幸、世界的不幸。<u>就</u>这一点<u>来说</u>我是非常幸运的，因为通过留学、做研究我活得更真实，更具备了直面现实的勇气。同时也能把自己的苦难相对化，<u>稍微</u>获得了一些可以理解别人的苦难的共情能力。

🎧 093
——能在这么好的大学拿到博士学位，你一定付出了很多的努力。

　　我在国内考了日本文部省的奖学金，来的时候想法很单纯，就是为了追求一个更好的学术环境。不过上野千鹤子老师的那个<u>演讲</u>说得特别好，就是你能进名牌大学并不完全④是你自己的努力，跟你的家庭环境、接受的教育都有关系。

🎧 094　**词汇**

- □ 空落落 kōngluòluò：がらんとして物寂しい
- □ 无所适从 wú suǒ shì cóng：誰に従えばいいのか分からない
- □ 名牌大学 míngpái dàxué：名門大学
- □ 男权主义 nánquán zhǔyì：男権主義
- □ 清醒 qīngxǐng：はっきりしている
- □ 也就是说 yě jiùshì shuō：つまりは（≒"就是说"）
- □ 提醒 tíxǐng：注意を促す、指摘する
- □ 多元化 duōyuánhuà：多様化
- □ 机制 jīzhì：メカニズム、構造
- □ 紧箍咒 jǐngūzhòu：三蔵法師が孫悟空を懲らしめるために用いた呪文。人を束縛したり服従させたりするおきて。
- □ 就…来说 jiù…lái shuō：…について言えば
- □ 稍微 shāowēi：やや、いくらか
- □ 演讲 yǎnjiǎng：講演（する）、スピーチ（する）

Cǎifǎng duìxiàng: Xiǎotián, jiǔ líng hòu, Dōngjīng mǒu zhùmíng guólì dàxué wénxué bóshì.
Cǎifǎng shíjiān: èr líng èr èr nián èr yuè èrshi'èr rì
Cǎifǎng dìdiǎn: Dōngjīng chēzhàn fùjìn de yì jiā kāfēiguǎn

—— Gōngxǐ nǐ tíjiāole bóshì lùnwén, xiànzài shì bu shì gǎnjué hěn qīngsōng?
Gǎnjué tèbié kōngxū. Dú bóshì de zhè liù nián li, zuì dà de mùbiāo jiùshì wánchéng bólùn. Xiànzài zhège mùbiāo shíxiàn le, yíxiàzi juéde kōngluòluò de, zuìjìn yǒudiǎn wú suǒ shì cóng (xiào).

—— Ránshāo zhīhòu de gǎnjué? Hǎoxiàng hěn duō rén dōu yǒu. Nǐ juéde nǐ zài zhè suǒ míngpái dàxué dédào de zuì dà shōuhuò shì shénme?
Shōuhuò zuì dà de shì yì zhǒng xuéshù tàidu、rénshēng tàidu. Qíshí guólì dàxué yě yǒu nánquán zhǔyì de wèntí, dànshì cóng lǐniànshang jiǎng, yìzhí cúnzài zūnzhòng shǎoshù de yìshí. Lìngwài, dú bó de zhè jǐ nián ràng wǒ qīngxǐng de yìshídào xuéshùjiè shì yí ge bǐjiào shìhé qiángzhě shēngcún de shìjiè. Qiánbùjiǔ gēn péngyou liáodào zhège wèntí, jiùshì nǐ juéde yǒuxiē xiànxiàng bú duì, xiǎng zuò yìxiē shìqing qù gǎibiàn tā, dàn hěn nán, wǎngwǎng shénme yě zuòbuchéng, jiù gǎnjué hěn gūdú. Dànshì, lìng yì fāngmiàn, bǐrú shuō nǐ tèbié bù xiǎng xiě lùnwén de shíhou, háishi huì xiǎng: yídìng yào xiě, bù xiě bùxíng. Yě jiùshì shuō jīngcháng tíxǐng zìjǐ nǐ bìxū qiángdà. Wǒ juéde yīnggāi gèng duōyuánhuà yìxiē, rúguǒ zhǐyǒu chéngwéi qiángzhě cái néng zài zhège shìjiè shēngcún dehuà, nà zhège shìjiè běnshēn jiùshì yǒu wèntí de ma.

—— Tèbié lǐjiě, kěshì jīzhì jiùshì zhèyàng de, wàijiè yě shì zhèyàng kàn nǐ de. Nǐ zhǐyào zài zhège quānzili jiù yǒu zhè zhǒng wúxíng de yuēshù, xiàng ge jǐngūzhòu yíyàng. Yóuqí shì xiàng nǐ zhèyàng mǐngǎn de rén, yālì kěnéng gèng dà ba.
Dú Zhúnèi Hǎo de《Lǔ Xùn rùmén》, tā shuō yīnwèi tā búxìng suǒyǐ yùdàole Lǔ Xùn, suīrán hé Lǔ Xùn xiāngyù hòu tā bìng méiyou biànde xìngfú, dànshì tā tōngguò Lǔ Xùn liǎojiěle zìjǐ de búxìng. Wǒ yě yǒu tónggǎn, wǒ shì yīnwèi búxìng hé bùmǎn xuǎnzé liúxué, zuò yánjiū. Suīrán wǒ méiyou yīncǐ huòdé yìbān yìyìshang de xìngfú, dànshì zhìshǎo ràng wǒ gèngjiā kèguān de liǎojiěle zìjǐ de búxìng、biérén de búxìng、shìjiè de búxìng. Jiù zhè yì diǎn lái shuō wǒ shì fēicháng xìngyùn de, yīnwèi tōngguò liúxué, zuò yánjiū wǒ huóde gèng zhēnshí, gèng jùbèile zhímiàn xiànshí de yǒngqì. Tóngshí yě néng bǎ zìjǐ de kǔnàn xiāngduìhuà, shāowēi huòdéle yìxiē kěyǐ lǐjiě biérén de kǔnàn de gòngqíng nénglì.

—— Néng zài zhème hǎo de dàxué dú bóshì xuéwèi, nǐ yídìng fùchūle hěn duō de nǔlì.
Wǒ zài guónèi kǎole Rìběn wénbùshěng de jiǎngxuéjīn, lái de shíhou xiǎngfǎ hěn dānchún, jiùshì wèile zhuīqiú yí ge gèng hǎo de xuéshù huánjìng. Búguò Shàngyě Qiānhèzǐ lǎoshī de nà ge yǎnjiǎng shuōde tèbié hǎo, jiùshì nǐ néng jìn míngpái dàxué bìng bù wánquán shì nǐ zìjǐ de nǔlì, gēn nǐ de jiātíng huánjìng、jiēshòu de jiàoyù dōu yǒu guānxi.

1 是不是…

「…ではないのですか?」と相手に自分の予想についての確認を求める疑問文。文頭に置かれることもあれば、述語の前や文末に置かれることもある。

例句▶ 你是不是觉得自己很委屈?
Nǐ shì bu shì juéde zìjǐ hěn wěiqu?

她没有你想象的那么严厉,是不是?
Tā méiyou nǐ xiǎngxiàng de nàme yánlì, shì bu shì?

2 「任意の人」を表す"你"

"你觉得有些现象不对…"(ある現象が正しくないと感じ…)などの"你"は「広く任意の人」を指す。時に自分(話し手自身)を指すこともある。同じ段落の"比如说你特别不想写论文的时候…"(例えば特に論文を書きたくないとき…)の"你"はその用法。

例句▶ 世界千变万化,很多事情你是预料不到的。
Shìjiè qiān biàn wàn huà, hěn duō shìqing nǐ shì yùliàobudào de.

你都说了一百遍了,人家就是不在乎。
Nǐ dōu shuōle yì bǎi biàn le, rénjiā jiùshì bú zàihu.

3 只有…才~

「…してこそはじめて~だ」。ここでは"只有…才~"の構造全体が、"如果…的话,那~"(もし…なら~だ)の条件(もし…なら)の部分に置かれている。

例句▶ 只有互相帮助,才能合作愉快。
Zhǐyǒu hùxiāng bāngzhù, cái néng hézuò yúkuài.

只有不断地积累经验才能熟练起来。
Zhǐyǒu búduàn de jīlěi jīngyàn cái néng shúliànqǐlai.

4 不完全…

部分否定の形で「全く…であるとは限らない」を表す。全否定「全く…ではない」は"完全不…"。

例句▶ 虽然这件事并不完全是我的错,但我必须道歉。
Suīrán zhè jiàn shì bìng bù wánquán shì wǒ de cuò, dàn wǒ bìxū dàoqiàn.

对异国文化的理解或误解有时候不完全是语言的问题。
Duì yìguó wénhuà de lǐjiě huò wùjiě yǒu shíhou bù wánquán shì yǔyán de wèntí.

第 9 课 两个自我之间挣扎的文学博士(上)

综合练习

1 本文の内容に基づき、以下の問に中国語で答えましょう。

(1) 提交博士论文之后小田感觉轻松了吗？

_____

(2) 小田在读博期间得到的最大收获是什么？

_____

(3) 留学、做研究对小田的世界观产生了怎样的影响？

_____

(4) 小田觉得能进名牌大学完全是靠自己一个人的努力吗？

_____

099 **2** 聴き取った中国語を書きましょう。

(1) _____

_____

(2) _____

_____

(3) _____

_____

(4) _____

_____

3 次の語句を使って文を作りましょう。

(1) 是不是…

_____

(2) 只有…才～

_____

(3) 稍微

_____

(4) 不完全…

_____

_____

4 次の問に対する答えを中国語で書き、発表しましょう（50字程度）。

問 你认为"努力"一定能得到"回报"吗？

_____

_____

_____

_____

_____

_____

——是的，有些人得到一点成绩，就觉得是靠自己的努力得来的。其实世界上比你努力的人太多了，有些东西真不是光凭努力就能得到的，也要感谢自己的运气。那么，你觉得自己是强者吗？

我一直就不是一个强者，或者说我不想成为强者。可我原来没有意识到这一点，以前是<u>无知者无畏</u>，进了名校以后，知道了自己有<u>几斤几两</u>。尤其在写博士论文的时候，有过一段很痛苦的时期。就是自己的学术鉴赏能力和写出来的东西之间存在一个<u>鸿沟</u>，当然学术写作水平和你的鉴赏能力不可能同步的，这一点我也清楚。可是联系到自己的一些经历和当时的孤独<u>处境</u>，就产生一种自我<u>厌恶</u>的情绪。

——看来你对自己要求很高。

理想太高，能力<u>无法</u><u>匹配</u>。以前我不能接受自己的失败，看到失败的<u>征兆</u>时就选择逃避。把它放在内心最深的<u>角落</u>，但它有时候还是会跳出来，就像<u>弗洛伊德</u>说的被压抑的无意识会暂时回归，回归的时候对我的打击挺大的。

——感觉你在和自己的理想进行<u>博弈</u>。

我不是一个社交能力很强的人，总是把握不好分寸，<u>放不开</u>，<u>小心翼翼</u>的。有时候意识到自己已经很努力了，可能我要求的是更努力的自己。就是有两个我，一个很懒，一个又要求很高。就像羽生结弦在北京冬奥会上说，心里一直有一个9岁的孩子，对自己伸出援手。我也有一种类似的感觉，我一直达不到自己内心对自己要求的那个高度。看到自己的<u>极限</u>之后也想和自己<u>握手言和</u>，同时也希望能够<u>遵从</u>自己的内心，不后悔。

最近准备把博士论文两个章节单独拿出来投稿，在交论文的那一刻，我觉得自己尽力了。不管结果怎样，我都可以向自己交差了，无悔无憾。想想我们的人生还有很多很多的事情，论文不应该是生命的全部。以后即使不写论文了，也①还是要活下去。

103

——嗯，我认识的一个中国老师曾说过这样一段话，让我特别感动。她说："人生真的很辛苦。也许正因为自己的生活辛苦，才②需要去③关注更辛苦的人吧，局限在"小我"上，反而会更绝望。做不做研究都没有关系，"成功"与否一点也不重要，我很希望大家都能互相关切，活得舒畅些、自在些。"

说得太好了。读了博士以后，就职的路会越来越窄，但我们的人生观不能变得狭隘。

104

词汇

- □ 无知者无畏 wú zhī zhě wú wèi：事情を知らない者は怖さも知らない
- □ 几斤几两 jǐ jīn jǐ liǎng：程度、水準
- □ 鸿沟 hónggōu：大きな溝、大きな隔たり
- □ 处境 chǔjìng：境遇
- □ 厌恶 yànwù：嫌悪する
- □ 无法 wúfǎ：…しようがない、…する方法がない
- □ 匹配 pǐpèi：釣り合う、マッチする
- □ 征兆 zhēngzhào：兆候
- □ 角落 jiǎoluò：すみ

- □ 弗洛伊德 Fúluòyīdé：フロイト（人名）
- □ 博弈 bóyì：競い合う
- □ 放不开 fàngbukāi：思い切ってできない
- □ 小心翼翼 xiǎoxīn yìyì：極めて慎重で注意深い
- □ 极限 jíxiàn：極限、限界
- □ 握手言和 wòshǒu yánhé：和睦を結ぶ
- □ 遵从 zūncóng：服従する、従う
- □ 交差 jiāochāi：復命する
- □ 关切 guānqiè：気遣う
- □ 舒畅 shūchàng：心地よい
- □ 狭隘 xiá'ài：狭い

—— Shì de, yǒuxiē rén dédào yìdiǎn chéngjì, jiù juéde shì kào zìjǐ de nǔlì délái de. Qíshí shìjièshang bǐ nǐ nǔlì de rén tài duō le, yǒuxiē dōngxi zhēn bú shì guāng píng nǔlì jiù néng dédào de, yě yào gǎnxiè zìjǐ de yùnqì. Nàme, nǐ juéde zìjǐ shì qiángzhě ma?

Wǒ yìzhí jiù bú shì yí ge qiángzhě, huòzhě shuō wǒ bù xiǎng chéngwéi qiángzhě. Kě wǒ yuánlái méiyou yìshídào zhè yìdiǎn, yǐqián shì wú zhī zhě wú wèi, jìnle míngxiào yǐhòu, zhīdaole zìjǐ yǒu jǐ jīn jǐ liǎng. Yóuqí zài xiě bóshì lùnwén de shíhou, yǒuguo yí duàn hěn tòngkǔ de shíqī. Jiùshì zìjǐ de xuéshù jiànshǎng nénglì hé xiě chūlai de dōngxi zhī jiān cúnzài yí ge hónggōu, dāngrán xuéshù xiězuò shuǐpíng hé nǐ de jiànshǎng nénglì bù kěnéng tóngbù de, zhè yìdiǎn wǒ yě qīngchu. Kěshì liánxìdào zìjǐ de yìxiē jīnglì hé dāngshí de gūdú chǔjìng, jiù chǎnshēng yì zhǒng zìwǒ yànwù de qíngxù.

—— Kànlái nǐ duì zìjǐ yāoqiú hěn gāo.

Lǐxiǎng tài gāo, nénglì wúfǎ pǐpèi. Yǐqián wǒ bù néng jiēshòu zìjǐ de shībài, kàndào shībài de zhēngzhào shí jiù xuǎnzé táobì. Bǎ tā fàng zài nèixīn zuì shēn de jiǎoluò, dàn tā yǒu shíhou háishi huì tiàochūlai, jiù xiàng Fúluòyīdé shuō de bèi yāyì de wúyìshí huì zànshí huíguī, huíguī de shíhou duì wǒ de dǎjī tǐng dà de.

—— Gǎnjué nǐ zài hé zìjǐ de lǐxiǎng jìnxíng bóyì.

Wǒ bú shì yí ge shèjiāo nénglì hěn qiáng de rén, zǒngshì bǎwòbuhǎo fēncun, fàngbukāi, xiǎoxīn yìyì de. Yǒu shíhou yìshídào zìjǐ yǐjīng hěn nǔlì le, kěnéng wǒ yāoqiú de shì gèng nǔlì de zìjǐ. Jiùshì yǒu liǎng ge wǒ, yí ge hěn lǎn, yí ge yòu yāoqiú hěn gāo. Jiù xiàng Yǔshēng Jiéxián zài Běijīng Dōng'àohuìshang shuō, xīnli yìzhí yǒu yí ge jiǔ suì de háizi, duì zìjǐ shēnchū yuánshǒu. Wǒ yě yǒu yì zhǒng lèisì de gǎnjué, wǒ yìzhí dábudào zìjǐ nèixīn duì zìjǐ yāoqiú de nàge gāodù. Kàndào zìjǐ de jíxiàn zhīhòu yě xiǎng hé zìjǐ wòshǒu yánhé, tóngshí yě xīwàng nénggòu zūncóng zìjǐ de nèixīn, bú hòuhuǐ. Zuìjìn zhǔnbèi bǎ bóshì lùnwén liǎng ge zhāngjié dāndú náchūlai tóugǎo, zài jiāo lùnwén de nà yíkè, wǒ juéde zìjǐ jìnlì le. Bùguǎn jiéguǒ zěnyàng, wǒ dōu kěyǐ xiàng zìjǐ jiāochāi le, wú huǐ wú hàn. Xiǎngxiang wǒmen de rénshēng hái yǒu hěn duō hěn duō de shìqing, lùnwén bù yīnggāi shì shēngmìng de quánbù. Yǐhòu jíshǐ bù xiě lùnwén le, yě háishi yào huóxiàqu.

—— Ǹg, wǒ rènshi de yí ge Zhōngguó lǎoshī céng shuōguo zhèyàng yí duàn huà, ràng wǒ tèbié gǎndòng. Tā shuō: "Rénshēng zhēn de hěn xīnkǔ. Yěxǔ zhèng yīnwèi zìjǐ de shēnghuó xīnkǔ, cái xūyào qù guānzhù gèng xīnkǔ de rén ba, júxiàn zài "xiǎo wǒ"shang, fǎn'ér huì gèng juéwàng. Zuò bu zuò yánjiū dōu méiyou guānxi, "chénggōng" yǔ fǒu yìdiǎn yě bú zhòngyào, wǒ hěn xīwàng dàjiā dōu néng hùxiāng guānqiè, huóde shūchàng xiē、zìzài xiē."

Shuōde tài hǎo le. Dúle bóshì yǐhòu, jiùzhí de lù huì yuè lái yuè zhǎi, dàn wǒmen de rénshēngguān bù néng biànde xiá'ài.

1 即使…也～

「たとえ…であっても～だ」。"即使"と同じ意味の接続詞に、"就是"、"哪怕"、"即便"などがある。

> **例句** 即使没有人支持，我也要坚持做下去。
> Jíshǐ méiyou rén zhīchí, wǒ yě yào jiānchí zuòxiàqu.
>
> 就是没有高学历，她也能凭自己的能力找到好工作。
> Jiùshì méiyou gāo xuélì, tā yě néng píng zìjǐ de nénglì zhǎodào hǎo gōngzuò.

2 因为…才～

「…だからこそ～だ」。"正因为自己的生活辛苦，才需要去关注更辛苦的人"は「まさに自分の生活が苦しいからこそ、さらに苦しい人に配慮する必要がある」の意味。

> **例句** 因为有你，生活才这么多姿多彩。
> Yīnwèi yǒu nǐ, shēnghuó cái zhème duō zī duō cǎi.
>
> 因为爱你才关心你。
> Yīnwèi ài nǐ cái guānxīn nǐ.

3 "去" + 動詞句

ここでの"去"は、「"去"+動詞句」の形で、動詞句の動作を「…しよう」「進んで…する」の意味を表す。

> **例句** 你要不断地去尝试各种方法。
> Nǐ yào búduàn de qù chángshì gè zhǒng fāngfǎ.
>
> 如果你觉得这件事对别人有帮助，就大胆地去做吧。
> Rúguǒ nǐ juéde zhè jiàn shì duì biérén yǒu bāngzhù, jiù dàdǎn de qù zuò ba.

4 …与否

「…であるか否か」。書面語（正式な文体）の表現で、口語では反復疑問文の形を用いる。例えば"成功与否"（成功するか否か）の口語表現は"成功不成功"。

> **例句** 面试结果无论采用与否，我们都会在第一时间通知本人。
> Miànshì jiéguǒ wúlùn cǎiyòng yǔ fǒu, wǒmen dōu huì zài dì yī shíjiān tōngzhī běnrén.
>
> 这个议案能不能通过，无关乎大家赞成与否。
> Zhège yì'àn néng bu néng tōngguò, wú guānhū dàjiā zànchéng yǔ fǒu.

1 本文の内容に基づき、以下の問に中国語で答えましょう。

(1) 小田写博士论文的过程顺利吗？

_____

(2) 小田向自己的理想妥协了吗？

_____

(3) 小田是一个善于社交的人吗？

_____

(4) 小田对自己的论文感到遗憾吗？

_____

🎧 109 **2** 聴き取った中国語を書きましょう。

(1) _____

_____

(2) _____

_____

(3) _____

_____

(4) _____

_____

3 次の語句を使って文を作りましょう。

(1) 无法

_____

(2) 即使…也～

_____

(3) 因为…才～

_____

(4) …与否

_____

4 次の問に対する答えを中国語で書き、発表しましょう（50字程度）。

問 你理想中的人生是什么样的？

_____

_____

_____

_____

_____

附录　分享学习汉语的经验 (1)

🎧 110

采访对象：美由记，60 后，广岛市某私立小学英语教师。

爱好：弹吉他、唱歌

喜欢的中国歌手：李荣浩

寄语

采访时间：2022 年 7 月 29 日

采访方式：微信视频

🎧 111 ——你是什么时候开始学汉语的？

结婚以后开始学的，我丈夫是美国人，有一年他被公司派遣到台湾。我们两地分居，我常到台湾去看他。他住的那家宾馆的<u>服务生</u>都跟我成了<u>熟人</u>，他们对我很热情，可是我们只能用简单的英语进行交流。我想跟他们聊更多的话题，所以就决心学汉语。

🎧 112 ——是自学吗？

是的，刚开始<u>跟着</u> NHK 中国语会话和电视剧学，学他们说的<u>台词</u>。慢慢地懂了一些之后，就找各种教材自学。

🎧 113 ——你学外语的<u>诀窍</u>是什么呢？

听歌和<u>朗诵</u>课文，把歌词<u>抄</u>下来<u>一遍一遍</u>地读或者唱。但是歌词里的语言一般不是日常用语吧？所以我觉得朗读课文的效果更好。我还喜欢把自己的朗诵录下来，发给我的中国朋友，请他们帮我<u>指出</u> 错误。录音往往不是一下子就能录好的，错一个字就得再录一遍。这样<u>反反复复</u>，就<u>自然而然</u>地记住了。

🎧 114 ——这真是一个好办法。你在大学读的是英语专业，英语精通之后，再学第二门外语是不是比较轻松一些？

是的，第二门外语确实比较好学。但我觉得学语言就得多花时间，和其他任何学科一样，没有捷径可走。

🎧 115 ——是啊，其他学科花了时间也不一定能学好，但是外语只要花足够的时间一般就能学好。

对，而且通过语言还能了解到各种不同的文化和思维方式，开阔自己的视野。

🎧 116 ——那你觉得中国人和日本人在哪些方面最不一样？很想听听你对中国和中国人的看法。

不一样的地方很多，不是一两句话能说清楚的。就拿人际关系这方面来说吧，日本人的人际关系相对来说比较淡薄。中国人呢，一旦成了朋友，关系就会很亲密。但日本人总是会保持一定的距离，即便是朋友，也不希望对方过多地介入自己的空间、时间。所以，日本人的这种态度，有些中国人特别是刚来日本，对日本人的了解还不太深入的中国人会难以接受，觉得日本人不够热情、太冷淡等等。

🎧 117 ——你有中国朋友吗？我在日本生活快20年了，觉得跟日本人交朋友真的很难。

以前有过一个关系很近的中国朋友，几年前她搬到国外定居了，现在只有几位通过网络互相交流的中国朋友。每周在固定的时间聊天，虽然现实生活中还没有见过面，但已经感觉很熟悉很亲切了，像老朋友一样。我真想再去中国。

🎧 118 ——谢谢美由记女士，你来东京的时候一定告诉我，我请你吃饭。

也谢谢你。欢迎你来广岛玩儿。

词汇

- □ 服务生 fúwùshēng：（ホテルやレストランの）従業員
- □ 熟人 shúrén：顔なじみ、知り合い
- □ 跟着 gēnzhe：つき従う
- □ 台词 táicí：せりふ
- □ 诀窍 juéqiào：秘訣
- □ 朗诵 lǎngsòng：朗読する
- □ 抄 chāo：写す
- □ 一遍一遍 yí biàn yí biàn：何度も
- □ 指出 zhǐchū：指摘する
- □ 错误 cuòwù：間違い
- □ 反反复复 fǎnfǎnfùfù：何度も繰り返す
- □ 自然而然 zìrán ér rán：自然に
- □ 确实 quèshí：間違い

- □ 好… hǎo…：…しやすい
- □ 捷径 jiéjìng：近道
- □ 拿…来说 ná…lái shuō：…について言うと
- □ 人际关系 rénjì guānxi：人間関係
- □ 相对来说 xiāngduì lái shuō：どちらかというと
- □ 淡薄 dànbó：薄い、希薄である
- □ 亲密 qīnmì：親密である
- □ 即便…也～ jíbiàn … yě～：たとえ…であっても～（→第10課 语言点 1）
- □ 深入 shēnrù：入り込む、深く掘り下げる
- □ 难以 nányǐ：…しがたい
- □ 定居 dìngjū：定住する
- □ 亲切 qīnqiè：親しい

拼音 ▶ ●●●○

Cǎifǎng duìxiàng: Měiyóujì, liù líng hòu, Guǎngdǎoshì mǒu sīlì zhōngxué yīngyǔ jiàoshī.
Àihào: Tán jítā, chànggē
Xǐhuān de Zhōngguó gēshǒu: Lǐ Rónghào
Cǎifǎng shíjiān: èr líng èr sān nián qī yuè èrshijiǔ rì
Cǎifǎng fāngshì: Wēixìn shìpín

—— Nǐ shì shénme shíhou kāishǐ xué Hànyǔ de?
Jiéhūn yǐhòu kāishǐ xué de, wǒ zhàngfu shì Měiguórén, yǒu yì nián tā bèi gōngsī pàiqiǎndào Táiwān. Wǒmen liǎng dì fēnjū, wǒ cháng dào Táiwān qù kàn tā. Tā zhù de nà jiā bīnguǎn de fúwùshēng dōu gēn wǒ chéngle shúrén, tāmen duì wǒ hěn rèqíng, kěshì wǒmen zhǐ néng yòng jiǎndān de Yīngyǔ jìnxíng jiāoliú. Wǒ xiǎng gēn tāmen liáo gèng duō de huàtí, suǒyǐ jiù juéxīn xué Hànyǔ.

—— Shì zìxué ma?
Shì de, gāng kāishǐ gēnzhe NHK Zhōngguóyǔ huìhuà hé diànshìjù xué, xué tāmen shuō de táicí. Mànmàn de dǒngle yìxiē zhīhòu, jiù zhǎo gè zhǒng jiàocái zìxué.

—— Nǐ xué wàiyǔ de juéqiào shì shénme ne?
Tīng gē hé lǎngsòng kèwén, bǎ gēcí chāoxiàlai yí biàn yí biàn de dú huòzhě chàng. Dànshì gēcíli de yǔyán yìbān bú shì rìcháng yòngyǔ ba? Suǒyǐ wǒ juéde lǎngdú kèwén de xiàoguǒ gèng

hǎo. Wǒ hái xǐhuan bǎ zìjǐ de lǎngsòng lùxiàlai, fāgěi wǒ de Zhōngguó péngyou, qǐng tāmen bāng wǒ zhǐchū cuòwù. Lùyīn wǎngwǎng bú shì yíxiàzi jiù néng lùhǎo de, cuò yí ge zì jiù děi zài lù yí biàn. Zhèyàng fǎnfǎnfùfù, jiù zìrán'érrán de jìzhù le.

—— Zhè zhēnshi yí ge hǎo bànfǎ. Nǐ zài dàxué dú de shì Yīngyǔ zhuānyè, Yīngyǔ jīngtōng zhīhòu, zài xué dì-èr mén wàiyǔ shì bu shì bǐjiào qīngsōng yìxiē?
   Shì de, dì-èr mén wàiyǔ quèshí bǐjiào hǎo xué. Dàn wǒ juéde xué yǔyán jiù děi duō huā shíjiān, hé qítā rènhé xuékē yíyàng, méiyou jiéjìng kě zǒu.

—— Shì a, qítā xuékē huāle shíjiān yě bù yídìng néng xuéhǎo, dànshì wàiyǔ zhǐyào huā zúgòu de shíjiān yìbān jiù néng xuéhǎo.
   Duì, érqiě tōngguò yǔyán hái néng liǎojiědào gè zhǒng bùtóng de wénhuà hé sīwéi fāngshì, kāikuò zìjǐ de shìyě.

—— Nà nǐ juéde Zhōngguórén hé Rìběnrén zài nǎxiē fāngmiàn zuì bù yíyàng? Hěn xiǎng tīngting nǐ duì Zhōngguó hé Zhōngguórén de kànfa.
   Bù yíyàng de dìfang hěn duō, bú shì yì liǎng jù huà néng shuōqīngchu de. Jiù ná rénjì guānxi zhè fāngmiàn lái shuō ba, Rìběnrén de rénjì guānxi xiāngduì lái shuō bǐjiào dànbó. Zhōngguórén ne, yídàn chéngle péngyou, guānxi jiù huì hěn qīnmì. Dàn Rìběnrén zǒngshì huì bǎochí yídìng de jùlí, jíbiàn shì péngyou, yě bù xīwàng duìfāng guò duō de jièrù zìjǐ de kōngjiān、shíjiān. Suǒyǐ, Rìběnrén de zhè zhǒng tàidu, yǒuxiē Zhōngguórén tèbié shì gāng lái Rìběn, duì Rìběnrén de liǎojiě hái bú tài shēnrù de Zhōngguórén huì nányǐ jiēshòu, juéde Rìběnrén búgòu rèqíng, tài lěngdàn děngděng.

—— Nǐ yǒu Zhōngguó péngyou ma? Wǒ zài Rìběn shēnghuó kuài èrshí nián le, juéde gēn Rìběnrén jiāo péngyou zhēn de hěn nán.
   Yǐqián yǒuguo yí ge guānxi hěn jìn de Zhōngguó péngyou, jǐ nián qián tā bāndào guówài dìngjū le, xiànzài zhǐyǒu jǐ wèi tōngguò wǎngluò hùxiāng jiāoliú de Zhōngguó péngyou. Měi zhōu zài gùdìng de shíjiān liáotiān, suīrán xiànshí shēnghuózhōng hái méiyou jiànguo miàn, dàn yǐjīng gǎnjué hěn shúxi hěn qīnqiè le, xiàng lǎo péngyou yíyàng. Wǒ zhēn xiǎng zài qù Zhōngguó.

—— Xièxiè Měiyóujì nǚshì, nǐ lái Dōngjīng de shíhou yídìng gàosu wǒ, wǒ qǐng nǐ chīfàn.
   Yě xièxie nǐ. Huānyíng nǐ lái Guǎngdǎo wánr.

综合练习

1 本文の内容に基づき、以下の問に中国語で答えましょう。

(1) 美由记为什么决定学汉语？

_____

(2) 美由记是怎么开始学习汉语的？

_____

(3) 美由记学汉语的诀窍是什么？

_____

(4) 美由记认为中国人和日本人不同的地方在哪里？

_____

2 🎧 120 聴き取った中国語を書きましょう。

(1) _____

_____

(2) _____

_____

(3) _____

_____

(4) _____

_____

3 次の語句を使って文を作りましょう。

(1) 一遍一遍地…

_____

(2) 好… (…しやすい)

_____

(3) 即便…也～

_____

(4) 难以…

_____

4 次の問に対する答えを中国語で書き、発表しましょう（50字程度）。

問 在你看来，中国人有哪些地方和日本人很不一样？

_____

_____

_____

_____

_____

附录　分享学习汉语的经验 (2)

🎧 121

采访对象：千叶，90 后，毕业于东京某私立大学，
　　　　　现就职于一家汽车公司。

寄语

采访时间：2023 年 1 月 15 日

采访地点：新宿车站附近的一家咖啡馆

🎧 122 ——你的汉语阅读能力是什么时候掌握的？在大学里得到的收获是什么？

　　我觉得学习外语最重要的也是最容易被忽视的一点，就是先提高自己的母语水平。母语阅读能力低的人，外语阅读能力自然也高不到哪里去。所以说一个人的外语水平能达到什么程度，其实是取决于他的母语水平的。我所在的大学比较重视汉语教育，但是因为我前两年经常逃课，并没有学到什么。后来一位教授让我做助理，跟他一起去台湾调查资料。我在台湾听到很动听的汉语，一下子被吸引了。回来之后就开始发狂一样地学习，交中国朋友，看中国的网络节目，就这样汉语水平才提了上来。

🎧 123 ——从你开始决心学习汉语到能够比较流畅地跟中国人对话大概用了多长时间？

　　大概用了半年的时间，刚开始的时候就是乱说一气。也不管语法对错，自顾自地瞎说。当然我也听不太懂对方的意思，就是互相猜。

🎧 124 ——能分享一下你学汉语的诀窍吗？

　　汉语是用汉字组成的语言，有声调。学中文的人不能忽视这些汉语的特征。所以学汉语的人一定要掌握每个汉字的正确发音和声调。现在在学中文的日本人越来越多，可是听他们的发音感觉都或多或少有点别扭，

因为他们对每个汉字的正确发音和声调还不够重视。"<u>君子务本，本立</u><u>而道生</u>"就是这个道理。只有打好了基础，未来的路才会<u>豁然开朗</u>。学习外语没有捷径。

🎧
125 ——你觉得学会汉语、结交到很多中国朋友之后，对自己的性格和生活方式有没有产生什么影响？

啊……您提的这个问题，我还真得好好想想。

我开始跟中国人交流之后，学会了中国传统的一个处事方式，就是"<u>白眼和青眼</u>"的用法。日本人的性格是比较<u>四面讨好</u>的，以前我也是这样的，但是现在我在很努力地学习，用"白眼"去对待那些傲慢无礼的人。这个是我最大的收获，也是非常大的行为模式上的突破。我是认真的，不开玩笑，哈哈。

这个观点其实也和《被讨厌的勇气》高度<u>吻合</u>。还有另一句<u>经典</u>："<u>以德报怨，何以报德？</u>"所以我现在也认同"<u>以德报德，以直报怨</u>"，这是我们日本人不太<u>擅长</u>的地方。所以我们应该学习，尝试着去改变。可能很多人都有同样的想法，要不然，《被讨厌的勇气》怎么会成为<u>畅销书</u>呢？哈哈。

词汇

- □ 掌握 zhǎngwò：身につける、マスターする
- □ 忽视 hūshì：無視する
- □ …不到哪里去 …budào nǎli qù：それほど…ではない
- □ 取决于… qǔjué yú …：…によって決まる
- □ 逃课 táokè：授業をサボる
- □ 助理 zhùlǐ：助手、アシスタント
- □ 动听 dòngtīng：感動的だ、すばらしい
- □ 发狂 fākuáng：気が狂う
- □ 流畅 liúchàng：流暢である
- □ 乱说一气 luànshuō yíqì：ひとしきりでたらめに言う
- □ 自顾自 zì gù zì：自分のことだけ考える
- □ 瞎说 xiāshuō：でたらめを言う
- □ 特征 tèzhēng：特徴
- □ 别扭 bièniu：不自然である
- □ 君子务本，本立而道生 jūnzǐ wù běn, běn lì ér dào shēng：
  君子は根本のことに力を尽くし、根本が確立すれば自ずと道は開ける
- □ 豁然开朗 huòrán kāilǎng：突然視野が開ける
- □ 白眼 báiyǎn：冷淡な目つき
- □ 青眼 qīngyǎn：好意のまなざし
- □ 四面讨好 sìmiàn tǎohǎo：八方美人
- □ 突破 tūpò：突破する、乗り越える
- □ 《被讨厌的勇气》《Bèi tǎoyàn de yǒngqì》：
  『嫌われる勇気　自己啓発の源流「アドラー」の教え』（古賀史健、岸見一郎の共著による書籍、
  2013年、ダイヤモンド社出版）
- □ 高度 gāodù：高度の、程度の高い
- □ 吻合 wěnhé：ぴったり合う、一致する
- □ 经典 jīngdiǎn：古典
- □ 以德报怨，何以报德？ Yǐ dé bàoyuàn, héyǐ bàodé?：
  徳をもって恨みに報いるのであれば、何をもって徳に報いるのか？
- □ 认同 rèntóng：同意する、共感する
- □ 以德报德，以直报怨 Yǐ dé bàodé, yǐ zhí bàoyuàn：
  徳をもって徳に報い、正義をもって恨みに報いる
- □ 擅长 shàncháng：長けている
- □ 畅销书 chàngxiāoshū：ベストセラー

Cǎifǎng duìxiàng: Qiānyè, jiǔ líng hòu, bìyè yú Dōngjīng mǒu sīlì dàxué, xiàn jiùzhí yú yì jiā
　　　　　　　　qìchē gōngsī.

Cǎifǎng shíjiān: èr líng èr sān nián yī yuè shíwǔ rì

Cǎifǎng dìdiǎn: Xīnsù chēzhàn fùjìn de yì jiā kāfēiguǎn

—— Nǐ de Hànyǔ yuèdú nénglì shì shénme shíhou zhǎngwò de? Zài dàxuéli dédào de shōuhuò
shì shénme?

　　Wǒ juéde xuéxí wàiyǔ zuì zhòngyào de yě shì zuì róngyì bèi hūshì de yì diǎn, jiùshì xiān
tígāo zìjǐ de mǔyǔ shuǐpíng. Mǔyǔ yuèdú nénglì dī de rén, wàiyǔ yuèdú nénglì zìrán yě gāobudào
nǎli qù. Suǒyǐ shuō yí ge rén de wàiyǔ shuǐpíng néng dádào shénme chéngdù, qíshí shì qǔjué yú
tā de mǔyǔ shuǐpíng de. Wǒ suǒzài de dàxué bǐjiào zhòngshì Hànyǔ jiàoyù, dànshì yīnwèi wǒ
qián liǎng nián jīngcháng táokè, bìng méiyou xuédào shénme. Hòulái yí wèi jiàoshòu ràng wǒ
zuò zhùlǐ, gēn tā yìqǐ qù Táiwān diàochá zīliào. Wǒ zài Táiwān tīngdào hěn dòngtīng de Hànyǔ,
yíxiàzi bèi xīyǐn le. Huílai zhīhòu jiù kāishǐ fākuáng yíyàng de xuéxí, jiāo Zhōngguó péngyou,
kàn Zhōngguó de wǎngluò jiémù, jiù zhèyàng Hànyǔ shuǐpíng cái tíleshànglai.

—— Cóng nǐ kāishǐ juéxīn xuéxí Hànyǔ dào nénggòu bǐjiào liúchàng de gēn Zhōngguórén duìhuà
dàgài yòngle duō cháng shíjiān?

　　Dàgài yòngle bàn nián de shíjiān, gāng kāishǐ de shíhou jiùshì luànshuō yíqì. Yě bùguǎn yǔfǎ
duì cuò, zì gù zì de xiāshuō. Dāngrán wǒ yě tīng bú tài dǒng duìfāng de yìsi, jiùshì hùxiāng cāi.

—— Néng fēnxiǎng yíxià nǐ xué Hànyǔ de juéqiào ma?

　　Hànyǔ shì yòng Hànzì zǔchéng de yǔyán, yǒu shēngdiào. Xué Zhōngwén de rén bù néng
hūshì zhèxiē Hànyǔ de tèzhēng. Suǒyǐ xué Hànyǔ de rén yídìng yào zhǎngwò měi ge hànzì de
zhèngquè fāyīn hé shēngdiào. Xiànzài zài xué Zhōngwén de Rìběnrén yuèláiyuè duō, kěshì tīng
tāmen de fāyīn gǎnjué dōu huò duō huò shǎo yǒudiǎn bièniu, yīnwèi tāmen duì měi ge hànzì de
zhèngquè fāyīn hé shēngdiào hái búgòu zhòngshì. "jūnzǐ wù běn, běn lì ér dào shēng" jiùshì zhège
dàolǐ. Zhǐyǒu dǎhǎole jīchǔ, wèilái de lù cái huì huòrán kāilǎng. Xuéxí wàiyǔ méiyou jiéjìng.

—— Nǐ juéde xuéhuì Hànyǔ, jiéjiāodào hěn duō Zhōngguó péngyou zhīhòu, duì zìjǐ de xìnggé hé
shēnghuó fāngshì yǒu méiyou chǎnshēng shénme yǐngxiǎng?

　　A……Nín tí de zhège wèntí, wǒ hái zhēn děi hǎohǎo xiǎngxiang.

　　Wǒ kāishǐ gēn Zhōngguórén jiāoliú zhīhòu, xuéhuìle Zhōngguó chuántǒng de yí ge chǔshì
fāngshì, jiùshì "báiyǎn hé qīngyǎn" de yòngfǎ. Rìběnrén de xìnggé shì bǐjiào sìmiàn tǎohǎo de,
yǐqián wǒ yě shì zhèyàng de, dànshì xiànzài wǒ zài hěn nǔlì de xuéxí, yòng "báiyǎn" qù duìdài
nàxiē àomàn wúlǐ de rén. Zhège shì wǒ zuì dà de shōuhuò, yě shì fēicháng dà de xíngwéi
móshìshang de túpò. Wǒ shì rènzhēn de, bù kāi wánxiào, hāhā.

　　Zhège guāndiǎn qíshí yě hé《Bèi tǎoyàn de yǒngqì》gāodù wěnhé. Hái yǒu lìng yí jù
jīngdiǎn:"Yǐ dé bàoyuàn, héyǐ bàodé?" Suǒyǐ wǒ xiànzài yě rèntóng "Yǐ dé bàodé, yǐ zhí bàoyuàn",
zhè shì wǒmen Rìběnrén bú tài shàncháng de dìfang. Suǒyǐ wǒmen yīnggāi xuéxí, chángshìzhe
qù gǎibiàn. Kěnéng hěn duō rén dōu yǒu tóngyàng de xiǎngfǎ, yàoburán,《Bèi tǎoyàn de yǒngqì》
zěnme huì chéngwéi chàngxiāoshū ne? Hāhā.

75

1 本文の内容に基づき、以下の問に中国語で答えましょう。

(1) 千叶认为学习外语最容易被忽视的一点是什么？

_____

(2) 千叶是什么时候开始对汉语着迷的？

_____

(3) 千叶学汉语的诀窍是什么？

_____

(4) 千叶跟中国朋友学到了怎样的处事方式？

_____

2 🎧 127 聴き取った中国語を書きましょう。

(1) _____

_____

(2) _____

_____

(3) _____

_____

(4) _____

_____

3 次の語句を使って文を作りましょう。

(1) 忽视

_____

(2) …不到哪里去

_____

(3) 取决于…

_____

(4) 和…吻合

_____

4 次の問に対する答えを中国語で書き、発表しましょう（50字程度）。

問 学习汉语有没有给你带来什么变化？

_____

_____

_____

_____

_____

著者紹介

蓋暁星（がい しゃおしん）

中国河北省出身。

文教大学文学部准教授，文学博士（東京大学）。

長谷川賢（はせがわ けん）

福島県出身。

立命館大学経済学部准教授，文学博士（東京大学）。

表紙・本文デザイン：小熊未央
音声吹込：毛興華
　　　　　王英輝

あなたはなぜ日本へ？
―インタビューで学ぶ中上級中国語―

検印
省略

© 2024 年 1 月 31 日　第 1 版　発行

著　者　　　　　　　　　　　　　　蓋暁星

　　　　　　　　　　　　　　　　　長谷川賢

発行者　　　　　　　　　　小川　洋一郎

発行所　　　　　　株式会社 朝 日 出 版 社

〒 101-0065　東京都千代田区西神田 3-3-5
電話 (03) 3239-0271・72 (直通)
振替口座　東京　00140-2-46008
欧友社 / 錦明印刷
http://www.asahipress.com